A ARTE
DE TRATAR

G983a   Gutfreind, Celso.
        A arte de tratar : por uma psicanálise estética/ Celso
    Gutfreind. – Porto Alegre : Artmed, 2019.
        184 p. ; 21 cm.

        ISBN 978-85-8271-509-3

        1. Psicanálise. I. Título.

                                                CDU 159.964.2

Catalogação na publicação: Karin Lorien Menoncin – CRB 10/2147

Celso Gutfreind

A ARTE DE TRATAR

Por uma psicanálise estética

artmed

2019

© Artmed Editora Ltda., 2019

Gerente editorial: Letícia Bispo de Lima
Colaboraram nesta edição:

Coordenadora editorial: Cláudia Bittencourt
Capa: Maurício Pamplona
Preparação do original: Grasielly Hanke Angeli
Projeto gráfico e editoração: TIPOS – design editorial e fotografia

Reservados todos os direitos de publicação à
ARTMED EDITORA LTDA., uma empresa do GRUPO A EDUCAÇÃO S.A.
Av. Jerônimo de Ornelas, 670 – Santana
90040-340 – Porto Alegre – RS
Fone: (51) 3027-7000 Fax: (51) 3027-7070

Unidade São Paulo
Rua Doutor Cesário Mota Jr., 63 – Vila Buarque
01221-020 – São Paulo – SP
Fone: (11) 3221-9033

É proibida a duplicação ou reprodução deste volume, no todo ou em parte, sob quaisquer formas ou por quaisquer meios (eletrônico, mecânico, gravação, fotocópia, distribuição na Web e outros), sem permissão expressa da Editora.

SAC 0800 703-3444 – www.grupoa.com.br

IMPRESSO NO BRASIL
PRINTED IN BRAZIL

AUTOR

Celso Gutfreind nasceu em Porto Alegre, em 1963. É escritor e médico. Como escritor, tem 33 livros publicados entre poemas, contos infantojuvenis e ensaios sobre humanidades e psicanálise. Participou de diversas antologias no Brasil e no exterior (França, Luxemburgo e Canadá). É colunista da revista *Estilo Zaffari*. Tem textos traduzidos para o inglês, o espanhol e o chinês, e seus livros *Narrar, ser mãe, ser pai* e *Tesouro secundário* foram editados na França. Recebeu alguns prêmios, entre os quais se destacam Açorianos 93 e Livro do Ano, da Associação Gaúcha de Escritores, em 2002, 2007, 2011, 2012 e 2014. Foi finalista do Prêmio Jabuti 2011 e bolsista do Clube de Escritores Ledig House, em Omi (Estados Unidos), em 1996.

Como médico, tem especialização em medicina geral comunitária, psiquiatria e psiquiatria infantil, mestrado e doutorado em psicologia pela Universidade Paris 13. É analista com funções didáticas de adultos e crianças pela Sociedade Brasileira de Psicanálise de Porto Alegre. Atualmente, trabalha em consultório e é professor convidado no curso de Psicologia da Universidade Federal do Rio Grande do Sul (UFRGS).

Pela Artmed, lançou os livros *A obra de Salvador Celia*, *A infância através do espelho* e *Crônica dos afetos*.

O ensaio, porém, não admite que seu âmbito de competência lhe seja prescrito. Em vez de alcançar algo cientificamente ou criar artisticamente alguma coisa, seus esforços ainda espelham a disponibilidade de quem, como uma criança, não tem vergonha de se entusiasmar com o que os outros já fizeram.
Theodor Adorno

Uma das funções mais poderosas da arte – descoberta da psicologia moderna – é a revelação do inconsciente.
Mário Pedrosa

Sou cientista por necessidade, não por vocação. Por natureza, sou realmente um artista... E disso há uma prova irrefutável: em todos os países nos quais a psicanálise penetrou, ela é mais bem compreendida e aplicada por escritores e artistas do que por médicos.
Sigmund Freud

A verdadeira obra de arte claramente realiza mais do que a satisfação de alguns anseios analisáveis.
Ernst Gombrich

Gênero não me pega mais.
Clarice Lispector

Obras artísticas não podem ser interpretadas. Se fosse possível para o artista explicar em palavras o que ele quis dizer, ele o teria dito em palavras.
Leon Tolstói

Quando se julga um objeto tão somente segundo conceitos, perde-se toda representação da beleza.
Immanuel Kant

E somos fortalecidos em nossas reflexões pelos escritos de nossos poetas.
Sigmund Freud

PREFÁCIO

PRIMEIRA ARTE

> Na literatura, percorro a mesma estrada sobre a qual
> Freud avança com uma temeridade surpreendente na
> ciência. Entretanto, ambos, o poeta e o psicanalista,
> olhamos através da janela da alma.
>
> Arthur Schnitzler

PRIMEIRA PARTE – EM VERSO

1-
O remédio é narrar,
mas,
como em todo arsenal
terapêutico, é preciso
atentar às condições
desta boa prescrição:
carece de alguém que escute
por fora, depois por dentro
e, como o narrar é agudo,
precisa narrar para sempre,
pelo menos narrar muito,
muito mais do que o silêncio
que é preciso estar presente.

Contraindicação não tem.

Se persistirem sintomas,
deixa o remédio em paz,
precisa narrar um monte,
precisa narrar bem mais.

2-
Lá no fundo
não sabemos
de si, do outro
nem em parte

o mais próximo
a que chegamos
do todo
é a arte.

SEGUNDA PARTE – EM PROSA: A PAUTA DE ANALISAR[1]

Havia para analisar – a pauta – o desejo de um casamento aberto e de compartilhar o marido com outro homem ou mulher. Algo dentro a chamava de puta – pauta, puta, o jogo de palavras – com a projeção logo reconhecida de que eu pudesse fazer uma abordagem moralista e considerá-la uma devassa. Preocupava-se muito com a minha opinião, outra parte importante da pauta, aquele Supereu severo.

A psicanálise não estava ali para julgar. Ou opinar. Ou curar, pelo menos não diretamente. Estava como análise livre, lúdica e, já que estamos atentos às palavras, apenas para analisar. Analisar seus desejos de um casamento e uma sexualidade aberta, o que ela volta e meia considerava – julgando? – como uma nova moral, e citava Foucault, que ela conhecia melhor do que eu.

Ela conhecia melhor do que eu os seus desejos em que mergulhamos capitaneados por ela para tão somente conhecer. Conhecer é comprido e deparamo-nos com duas possibilidades que não costumam ser excludentes, conforme a máxima do isto e aquilo e não isto ou aquilo, da poeta Cecília Meireles, uma analista de primeira.

---

[1] Todas as situações clínicas foram transformadas em ficção, quando não vieram dela. De seus relatos, espera-se mais literatura do que psicanálise.

De um lado, apareciam as traições da mãe. A mãe adita, a mãe do álcool, da maconha, a mãe que tantas vezes ocupara o papel de filha diante de uma criança tornada às pressas mãe da mãe e confidente: "Filha, a Fulana (com cujo marido havia transado) descobriu", "Fulana quer me matar, filha", "Mente, mãe", "Foge, mãe".

De outro lado, havia o Foucault, que eu passei a ler com mais afinco. Ele ajudava a ver um desejo verdadeiro de, uma vez alcançada certa liberdade em relação ao Supereu, descobrir em si mesma uma sexualidade que não era bem a de toda gente,[2] conforme Mario Quintana, outro analista de alto quilate e que eu conhecia mais do que ela.

O trabalho se tornava delicado – de poeta, costureiro – para conhecer exatamente as medidas disso. E daquilo. A pauta da falta de liberdade de ser quem era impôs-se e ficou maior do que o desejo de uma relação mais aberta externamente. A presença rígida da mãe por dentro aparecia como irrecusável e impedia que ela fosse ela. Disso é que se libertou ao falar e ao sentir sem que aquilo – o desejo de uma sexualidade mais aberta – deixasse de existir. Abria-se mais, expressando. Mais com o que via ao lado, um marido que a queria como amante exclusiva, pelo menos fora dos fantasmas de um e outro.

Nunca deixei de temer que me faltasse Foucault, Quintana e me sobrasse julgamento. A arte, a poesia, com sua pouca ou quase nenhuma moralidade e seus altos teores de representação de sentimento, faziam-me sentir melhor para tratá-la. Não é fácil manter-se um analista,[3] e os artistas colaboravam muito com o desafio.

---

[2] "Eu nada entendo da questão social, /Eu faço parte dela simplesmente.../E sei apenas do meu próprio mal, /Que não é bem o mal de toda a gente." (Quintana, 2012b, p. 10)

[3] "Talvez seja ainda mais difícil manter-se analista do que formar-se analista, em face de inúmeras tentações de relaxar no trabalho indispensável com o inconsciente dentro de um campo analítico que necessita ser mantido e protegido constantemente." (Eizirik, 2015, p. 63)

SUMÁRIO

Introdução 15

FREUD, O ESTETA, EM ONZE FRAGMENTOS

1 Personagens psicopáticos no palco (1906) 59

2 Gradiva (1907) – entre o sonho e a arte: um estudo de caso literário 67

3 Escritores criativos e devaneio (1908) 85

4 Romances familiares (1909b) 93

5 Leonardo da Vinci: entre a arte e a psicanálise (1910a) 97

6 A ocorrência, em sonhos, de material oriundo de contos de fadas (1913a) 113

7 O Moisés de Michelangelo (1914b) 117

8 Sobre a transitoriedade (1915) 131

9 Uma recordação de infância de Dichtung Ind Warheit (1917b) 137

10 Além do princípio do prazer (1920) 143

11 Dostoievski e o parricídio (1928) 149

Considerações finais do começo: limites, artistas, metáforas 157

Posfácio – última arte 165

Referências 169

INTRODUÇÃO

O inconsciente é um poeta.

Jacques André

PRIMEIROS ACORDES: O EMBRIÃO DO LIVRO

A arte de tratar, nessa ordem, conforme consta no título. Nem precisa falar, mas convém escrever: a arte encontrou o seu espaço muito antes que Freud viesse beber nela. E como bebeu! Sem ela, a psicanálise teria morrido de sede ou nem sequer teria nascido. *Por uma psicanálise estética*, conforme consta no subtítulo, porque não se trata de uma análise da estética, o que é também e está em suas fontes, mas, sim, de salientar que a análise precisa da estética para acontecer. Que se beneficiou da arte está marcado em seus carros-chefes, como Édipo, os sonhos, etc. Mas o nosso foco é outro e aponta Freud como um teórico da estética e que ela é essencial à arte de atender.

O livro tem múltipla filiação. Nasce da experiência de artista e psicanalista e de um seminário de formação analítica.[1] Surgiu antes, entre a escrita e o trabalho clínico, mas foi na ideação de um roteiro de trabalho que traçamos o nosso percurso. A ideia inicial era responder à pergunta: por que razão, ou movido por quais sentimentos, Freud encantou a tantos artistas importantes? Atrelada a ela, sem sombra de resposta, vinha uma penca de indagações: haveria um Freud pertinente como teórico da arte?

---

[1] Na Sociedade Brasileira de Psicanálise de Porto Alegre. Em alguns encontros, os colegas foram verdadeiros coautores. Agradeço a todos pelas contribuições que trouxeram. Falando em gratidão, Carlito, o livreiro da Palavraria, foi indispensável na obtenção do material de apoio, bem como o poeta e professor de história da arte Armindo Trevisan.

Cabiam todas as críticas que recebeu também aqui? O estudo poderia colaborar com os trabalhos de um psicanalista e de um artista?

Iniciamos crivados de questões como na arte ou na análise, em especial quando esta utiliza aquela. O foco – e buscamos a ajuda dos mais novos como uma espécie de lente auxiliar – está na leitura do Freud esteta e na sua importância para a clínica.[2] Ao fim e ao cabo, o mergulho é em seus textos. Pinçando aqui e ali, encontram-se reflexões de um nível já suficiente para situá-lo como um teórico da estética.

O interesse de Freud pela arte foi imenso. Ele tinha uma cultura vasta em vários gêneros, como poesia, ficção, história e filosofia. Possuía uma coleção sortida de peças de arte e fazia viagens frequentes à Grécia e à Itália para contemplar obras de escultura, pintura, arquitetura. Somos aqui seu leitor e selecionamos alguns trabalhos em que o criador da psicanálise debruçou-se sobre o tema, entre tantos outros que compôs com arte dentro deles. A escolha é quase aleatória, embora essa palavra se mostre relativa para o leitor de Freud. Trata-se de textos que se mostraram ainda mais importantes do que outros para refletir sobre a condição artística – de poeta – e a de psicanalista, pleno de poesia também. A escolha nasce de uma necessidade muito pessoal.

Partimos de nove trabalhos, deles chegamos a mais dois. Poderia ter sido mais: buscar a arte em Freud soa interminável e leva a ler o Freud inteiro.[3] Mergulhamos em cada um, mesmo que todos conversem entre si. Tivemos a intenção de manter um diálogo permanente com vinhetas clínicas: o trajeto entre a vida e a arte, mediado pela psicanálise, será almejado como um tesouro. Alguns dos escolhidos para a nossa psicanálise aplicada são curtos e aparentemente não renderiam uma leitura maior. Mas, olhados no todo, puderam oferecer uma repetição rítmica de ideias sobre a estética – a representação, o disfarce, o lúdico –, quando não o paradoxo: centrar-se na explicação dos fenômenos e ampliar questões a partir da forma.

---

[2] Detemo-nos, sempre que possível, na contribuição freudiana à estética por considerarmos que, apesar de as contribuições ulteriores serem essenciais, o seu aporte ainda é explorado aquém de suas possibilidades.

[3] Segundo me contou Dionísio Toledo, professor de literatura brasileira na Sorbonne, Roland Barthes costumava preparar seus cursos como um artista. Para isso, jamais repetia a abordagem. Se o tema era o século XIX, fazia-o por meio do estudo dos figurinos. No ano seguinte, o ponto de partida era a música, e assim por diante. Estudar a obra de Freud a partir da estética encontra uma inspiração nessa fonte.

A psicanálise nasce como fruto de uma cultura banhada pela arte, mas a questão "aplicada" é relativa. Na tradução francesa, encontramos textos sobre direito, linguística, mitologia, além daqueles sobre estética. Mas, se buscamos fontes como uma publicação brasileira, topamos com assuntos diversos como o humor ou Goethe (Chaves, 2015; Freud, 1930b). Se recorremos aos estudos de Kofman (1996), já é outro o repertório. Alguns trabalhos coincidem entre os livros; outros, não. Vários que poderiam entrar em nossa antologia ficaram de fora por não podermos abarcar a extensa obra aplicada de Freud – toda ela? – e por termos sido fiéis à necessidade de criar a nossa. Arte e psicanálise têm em comum dar conta da subjetividade dos participantes de cada encontro, e assim o tentamos. Construí a minha própria trajetória, incluindo fragmentos importantes para mim como leitor e escritor. A psicanálise precisa ser banhada pela arte à cata de singularidade, e já não seria possível concebê-la sem elas, ideia aqui recorrente.

Para reforçar a atmosfera estética de um livro que a aborda, são várias as epígrafes, poéticos o prefácio e o posfácio, esses com direito a uma prosa, conquista saudável da poesia dos começos. Feita a introdução, o restante veio naturalmente: movidos por uma clínica inspirada na capacidade do artista de ser mentalmente mais livre, sentimos o desejo de completá-la com realizações artísticas. É o nosso jeito de brincar, juntando forma e conteúdo a partir da leitura de Freud, mas libertos da censura da teoria e de uma filiação forçada, na busca do equilíbrio entre o respeito à tradição e uma identidade própria para ficarmos menos angustiados pela influência, como almejam artistas, analistas e analisandos.[4] O desfecho vem disfarçado de poético. Como uma arte. Como uma análise.

ERA UMA VEZ A ESTÉTICA: BREVE HISTÓRIA DESDE A CATARSE DE ARISTÓTELES AOS MÚLTIPLOS SENTIDOS DE UMA ANÁLISE HOJE

Freud percebeu que o artista possui um conhecimento intuitivo dos conflitos humanos. A questão da representação é primordial em sua teoria. Ela tem origem na filosofia da estética em nossa civilização ocidental. Segundo Aristóteles (2005), faz parte da natureza humana a tendência desde a

---

[4] Expressão de Harold Bloom (2000).

infância de representar e disso obter prazer. A representação da piedade e do temor realiza uma depuração das emoções. Artistas, público, psicanalistas e pacientes depuram emoções. Todos eles tentam representá-las. O termo representação foi proposto no século XIX por Konrad Fiedler, um filósofo que Freud provavelmente não leu. Apareceu na obra denominada *Sobre a origem da atividade artística*, marcado por reflexões sobre a estética. Emprestado à ciência, evoca criação e figurabilidade, próximo ainda da arte (Coblence, 2005).[5]

Daí à psicanálise a decorrência é natural. A atividade artística oferece um exemplo bem-sucedido de representação, tudo o que uma análise mais almeja. Para Groddeck (2001), só os grandes poetas teriam algo a dizer sobre o Isso e, por isso, a poesia interessa à psicanálise. Ela é um *case* bem-sucedido de poder dizer o que dificilmente se diz (Gullar, 2015a). E como adentrar a prosa da análise sem a poesia que a acolhe? "Estrondosa/tua vida/não depende/do silêncio/do que ronda//Estampido/tua vida/ mais depende/do barulho/do que contas."[6]

O analista Freud, com a sua ciência aplicada às artes e à cultura, baseia-se no filósofo Aristóteles; ele propunha, desde o berço da nossa civilização, que nos constituímos, nos desequilibramos e nos reequilibramos através das emoções. O que podemos fazer diante do desafio é vesti-las. Dizê-las. Representá-las (Kaës, 2001). Como fazem a arte e a psicanálise. A hipótese está presente em vários textos freudianos e não freudianos que abarcam a saúde mental com propostas convergentes:[7] "Em vez dos impulsos arcaicos exteriorizarem-se desabridamente, lhe forneceremos o declive que a espécie humana sulcou durante milênios para exprimi-los: dança, representações mímicas, pintura, modelagem, música. Será o mais simples e o mais eficaz." (Nise da Silveira apud Gullar, 1996, p. 89).

É o que a casa poética e analítica oferece. E não é pouco. Entre Freud e Aristóteles, desponta Nise da Silveira (2015), a psiquiatra que trabalhou de forma estética com pacientes psicóticos crônicos, considerados incuráveis. Ela insiste no substrato simples e eficiente da arte em nossas vidas psíquicas como fizeram o filósofo Nietzsche ou o psicanalista Freud.

---

[5] Frayze-Pereira (2005) reforça o nascimento da estética próximo ao da psicologia.
[6] Versos inéditos do autor.
[7] Entre os freudianos, *Personagens psicopáticos no palco* (1906), *Totem e tabu* (1913d), *Além do princípio do prazer* (1920) e as alusões a Édipo e Hamlet em *A interpretação dos sonhos* (1900), em *Dostoievski e o parricídio* (1928), entre outros.

E, no princípio, Aristóteles (2005), que introduz a noção da arte como mimese ou imitação da realidade. Ele também traz a da catarse, retomada por Freud como a evacuação de um conteúdo desagradável e capaz de produzir prazer. Ao valorizá-la no enfrentamento da neurose, ele não oculta a referência à poética (Freud; Breuer, 1893; Freud, 1913d).[8] Arte e análise têm-na entre seus carros-chefes.

Platão valoriza a existência das ideias, entre os fenômenos e a estética. Ou seja, um espaço inevitável de subjetividade. Ele introduziu a noção de teor imaginário, simulacro ou certa falsidade capaz de recriar, mas ela já aparecia na poética aristotélica, quando o filósofo mencionava que os pintores, ao imitarem a realidade, tornavam-na ainda mais bela e alertavam para as questões de estilo (Bosi, 2000; Aristóteles, 2005).

A humanidade produz arte desde a Pré-história, mas a história da arte começa tão somente no século XVI, com Giorgio Vasari. Na Antiguidade, houve uma abordagem metafísica, divina. A partir dos séculos XVIII e XIX, a subjetividade do artista tornou-se um valor mais importante com a diminuição da concepção mística da arte. Uma noção teórica data de um pouco antes, no século XVII. Somente 100 anos depois, a experiência estética começou a ser designada como tal (Trevisan, 2016). A arte acompanhou o homem em sua jornada, mas a psicanálise e as reflexões sistemáticas sobre ela são recentes. Além da juventude, as dificuldades para uma teoria se devem à prática: "Uma forma artística precisa ser muito individual e suas obras não podem ser objeto de repetição." (Meltzer; Williams, 1994, p. 12).

Após uma abordagem menos sistemática dos filósofos gregos (Sócrates, Platão, Aristóteles) e uma ausência que durou séculos, Baumgarten foi o primeiro a usar a palavra "estética" a partir de 1750. Ele foi o seu fundador ao integrar o bem, a verdade e a beleza antes que espocasse uma profusão de tratados sobre o tema (Fuller, 1983; Pareyson, 1984; Tolstói, 2016).[9]

Não é nossa intenção acompanhar essa evolução com seus períodos vagos, mas refletir sobre as relações entre arte e psicanálise, em especial com Freud e seus interlocutores. Incluímos alguns que ele reconheceu e

---

[8] Para Regnault (2001), a catarse é uma operação estética como qualquer outra.

[9] Rancière (2009a) considera Baumgarten e Kant os precursores da disciplina, ainda que insuficientes para sistematizá-la como um pensamento da arte, o que só ocorreu mais tarde com os escritos de Schelling, dos irmãos Schlegel e de Hegel. Professor de estética na Universidade de Paris VIII, Rancière (2009a; 2009b) tem uma definição simples do tema, aproximando as coisas da arte e as do pensamento, designando-a como algo singular e sensível que pode ser partilhado. O título de um de seus livros é sugestivo: *O inconsciente estético*.

outros que nos levou a encontrar. A todas essas, não perdemos a clínica de vista e o quanto a arte tem a oferecer a ela. Atualmente, diversos autores evitam uma análise reducionista em detrimento de abordagens mais afeitas à abertura e criação de múltiplos sentidos bem mais do que uma explicação amparada por leis prévias ao encontro. Como uma arte: "Não tento decidir sobre o que é um símbolo, o que é uma alegoria, nem como encontrar a boa interpretação, mas compreender, e se possível manter, o complexo e o plural." (Todorov, 2014, p. 26).

A satisfação estética é pura, desinteressada, uma representação e uma questão de gosto, definido por Kant (2017) como a faculdade de julgamento de um objeto através da satisfação ou insatisfação sem qualquer interesse. Para o filósofo, uma obrigação de fruir seria um absurdo. Subjetivo, portanto. Individual, de certa forma. Sem teoria que dê conta, como na análise e na arte, que precisam ser repensadas diante do que se sente a cada novo encontro com um analisando ou uma necessidade expressiva, sempre únicos e plenos de variantes.

Mesmo atento e focado no aparelho psíquico, Freud, um "homem de Letras disfarçado de médico",[10] manteve o seu enfoque na arte em si. Era um narrador e propunha a narrativa (*talking cure*, cura pela palavra) como base de seu método. Ele relê Kant (2017), para quem a "estética" refere-se à sensibilidade ou a como o sujeito é afetado. Artistas concordam com eles: "Desde que os espectadores ou ouvintes sejam contagiados pelo mesmo sentimento que o autor experimentou, trata-se de arte." (Tolstói, 2016, p. 60).

Nas tentativas de sistematizar a estética, Kant foi um pioneiro. Ele queria que ela fosse uma ciência objetiva, lógica, universal. Ao perceber que o valor estético é algo impossível de ser provado, desistiu. Depois de muitos estudos, chegou à conclusão de que o juízo estético e o sentimento de beleza são subjetivos, individuais e não lógicos. O filósofo considera a faculdade de julgar como algo tão peculiar que não poderia proporcionar conceitos. Já não é possível emitir um juízo dessa ordem, e ele termina por valorizar a importância da subjetividade no gosto. Objetividade e unanimidade não existem aqui: "Procurar por um princípio do gosto que fornecesse o critério universal do belo por meio de determinados conceitos é um esforço infrutífero, pois o que se procura é impossível e em si mesmo contraditório." (Kant, 2017, p. 128).

---

[10] Testemunho de Freud ao escritor italiano Giovanni Papini (apud Kon, 2014b).

Schiller (1991, 2002), seu discípulo, valoriza a beleza como um objetivo da arte e também situa a sua fonte na busca de um prazer desinteressado, sem utilidade prática. Mais do que a definição, importa para nós a aplicabilidade nas relações entre estética e psicanálise: a ideia do ganho de prazer será fundamental em Freud, um kantiano, um schilleriano. Ela associa-se à importância da inutilidade ou da brincadeira na análise, aspecto já destacado por ele e autores ulteriores como Winnicott (1965).

Bosi (2000) lembra-nos que a história da estética não é absoluta e não confirma as leis de um tecnicismo. Torna-se, então, impossível uma análise única e rigorosa da produção artística como preconizava a retórica antiga. Identificamos uma analogia com o encontro analista-analisando que, apesar de suas invariantes, é sempre uma novidade e inaugura a psicanálise na contramão de uma medicina tradicional empenhada em catalogar, classificar e confirmar velhos preceitos.[11] Freud, com a limitação de sua abordagem menos formal e, paradoxalmente, a sua contribuição em função disso, candidata-se a ser um esteta longevo. Décadas depois, ele ainda repercute ao dar conta da subjetividade de cada encontro artístico. E analítico. Para ele, o conteúdo dos afetos tem prioridade.

Freud foi capaz de acolher variação e singularidade. Ele tornou possível compreender o que, durante tantos séculos, se tentava generalizar. Freud aborda necessidades internas até então ignoradas, e podemos pensar os seus limites para sistematizar a estética como decorrentes do próprio método: caso a caso, qualitativo, subjetivo.[12] Ele mostrou a riqueza e o paradoxo de circular entre a teoria e a clínica. Acima das reflexões, sobrepunha-se a experiência de quem fruía, encontrava e contemplava. A análise abre um espaço sagrado e consagrado à experiência em si, em que a arte e a criatividade desempenham um papel primordial. São verdadeiras guias.

A PSICANÁLISE NA HISTÓRIA DA ARTE: ALGUNS ENCONTROS, REBELDIA E VANGUARDA

Freud recorreu à arte ao longo de toda a sua obra. Tinha um gosto tradicional, mas angariou seguidores de várias correntes artísticas. Ele foi

---

[11] Para o historiador da arte Gombrich (2013), não existe Arte, mas, sim, artistas. Parodiando, não existe uma psicanálise, mas psicanalistas.
[12] Segundo Oscar Wilde (apud Gompertz, 2015, p. 110), "Uma obra de arte é o resultado único de um temperamento único.".

uma referência para as artes do século XX. Enquanto buscamos rastros para uma reunião teórica do seu trabalho, topamos com efeitos bastante práticos de sua abrangência. Podemos mencionar pintores e cineastas surrealistas em uma relação conhecida, conturbada e ambivalente. Por ordem de chegada, evocamos Salvador Dali, a quem Freud, "o santo padroeiro", recebeu com reservas e um relativo entusiasmo.[13] Podemos citar o teatro revolucionário de Antonin Artaud (2005).

A mesma ambivalência marcou o percurso das teses culturais e estéticas de Freud, eivadas pela construção, desconstrução e um constante redimensionamento criativo que nunca deixou de encantar um grupo seleto e amplo de criadores. Em 1936, ao completar 80 anos, recebe homenagens públicas de Thomas Mann, Romain Rolland, H. G. Wells, Virgínia Woolf, Stefan Zweig e de outras 191 personalidades entre escritores e artistas (Conde, 1985).

Apesar do pouco entusiasmo de Freud diante de sua visita a seu consultório, o jovem surrealista André Breton e seus colegas foram grandes divulgadores do texto freudiano na França. O período, marcado pelas vanguardas e pela valorização da subjetividade, é favorável para a acolhida de uma abordagem com ênfase no inconsciente. Outros movimentos vanguardistas do século XX – como o Dadaísmo, de Tristan Tzara –, mesmo não tendo interessado Freud, tiveram nele uma referência importante. Houve também influência de Freud na teoria da crítica, ao gerar estudos na Escola de Frankfurt, e em autores importantes como Adorno, Horkheimer, Marcuse, Habermas (Rouanet, 2001).

Tornar-se mais criativo e subversivo são efeitos esperados da arte e da análise: "Uma psicanálise e uma obra de arte podem ser 'revoltas' no sentido de que a 'busca do tempo perdido' derrota as defesas habituais e abre uma via para novas formas de criatividade." (Kristeva, 2014, p. 95).[14] Afirmamos com frequência que são da mesma seara. Combativa.

---

[13] Expressão do punho do próprio Freud, em carta a Stefan Zweig (2013). Em termos de gosto estético, ele se mostrou pouco afeito a inovações, mais interessado pelas antiguidades (seu vício) e pelo clássico do que pela arte moderna contemporânea a ele. A ebulição artístico-cultural na Viena do fim do século XIX é flagrante, com movimentos de vanguarda por toda a Europa, especialmente na França: Hofmannsthal e Schnitzler, como escritores; Klint, Schiele e Kokoschka, como artistas plásticos; Loos, como arquiteto; Mahler e Schoenberg, como inovadores na música; e Mach e Wittgenstein, na filosofia (Kon, 2014b). Freud, com a sua ciência repleta de arte, foi também um inovador.

[14] Tradução do autor.

De vanguarda. Analistas, artistas, criadores. A psicanálise foi para eles uma referência, menos com a noção da interpretação do que com o inconsciente e a associação livre, descritos no atendimento das primeiras pacientes, quando a hipnose foi abandonada. A teoria analítica surgia como representação possível de suas atividades criativas.

Analisar-se na clínica propriamente dita é um ato de coragem rumo ao encontro de si mesmo. A tendência desse mergulho no inconsciente é vir à tona com questionamentos ao *status quo* (familiar, social) que evocam as vanguardas e as sedes de mudança. Ocorre-me uma observação pessoal: como psicanalista, sinto-me com frequência à margem da rota do dinheiro de laboratórios farmacológicos e dos jantares formais nos congressos de saúde mental, destinados a quem prescreve medicamentos. Como poeta, sinto-me com frequência fora da mira dos editores e de seus adiantamentos de contratos para quem escreve prosa. Na minha própria história, poesia e psicanálise próximas outra vez. Combativas, revolucionárias. E à margem.

A estética mostra-se fundamental para a psicanálise. Ela começa, com o perdão da redundância, no começo da vida, no encontro com o olhar implicado (estético) da mãe, para depois ser retomada ao longo da existência, quando a beleza do início reaparece na transferência de artista-obra e analista-analisando. Ela pode expandir incessantemente a imaginação diante de uma realidade por vezes estreita para que a arte soe mais e o filho se desenvolva melhor.[15] Não faria parte do que chamamos cura ver mais beleza no mundo, nem que na tristeza ou finitude (Freud), partes essenciais da realidade? Esse efeito não seria fruto de um encontro com qualidades afetivas e estéticas?

ALGUMA ESTÉTICA AO LONGO DE FREUD: AS FANTASIAS, OS LIMITES, AS PERDAS, OS SONHOS E MUITO MAIS REALIDADE

Não se trata de um conceito específico como narcisismo, transferência. A estética se encontra dispersa ao longo da obra freudiana, incluindo textos clássicos como *Totem e tabu* (Freud, 1913d), em que a sua origem é situada arcaicamente na representação do sentimento de magia e onipotência.

---

[15] Meltzer e Williams (1994, p. 217) referem-se à tarefa analítica de recuperação das sensibilidades estéticas.

Muito antes, o tema já foi palco da estrutura onírica em *A interpretação dos sonhos* (Freud, 1900), entre tantos outros trabalhos – praticamente todos –, de forma que encontrar o ponto zero da arte em Freud se mostra impossível. E topamos o corte, a castração como em qualquer vida ou análise.

O nosso objetivo principal é conhecer o Freud esteta, mas estamos de olho na utilização de suas ideias para pensar a teoria, a técnica e, sobretudo, o dia a dia da clínica e da nossa arte. Aproveitamos a obra dele até mesmo em textos nos quais a criação artística não se mostra diretamente. Análise e estética volta e meia se confundem em suas essências necessariamente misturadas para que soem melhor. Respeitamos a ordem cronológica da edição dos textos para acompanharmos o desenvolvimento do seu pensamento sobre o tema. Mas qual seria a primeira manifestação de Freud sobre o tema? O *Manuscrito N* de uma carta a Fliess com conceitos apoiados em Sófocles e Shakespeare? A menção a Macbeth no estudo da etiologia das obsessões e fobias, quando defende a origem psicológica dos transtornos mentais? *A interpretação dos sonhos*? A Gradiva? A origem, como a dos contos de fadas, parece mesmo perdida (Freud, 1895a; Propp, 1946).

Escolhemos trabalhos que compõem a base da psicanálise aplicada,[16] em especial sobre arte, fora da clínica propriamente dita, mas é raro um trabalho freudiano que não contenha pelo menos um trecho considerado aplicado.[17] Freud defendia a extensão da psicanálise a outros domínios, incluindo aqueles que a influenciaram muito além de sua função terapêutica. Paradoxalmente, em diversos momentos, excluía as disciplinas estéticas da esfera analítica, declarando que os aportes desta para aquelas seriam limitados. Mas isso não teve força suficiente para impedir que trouxesse contribuições importantes, justo o nosso resgate. Freud ia e vinha, ambivalente como um artista e um cientista. Um vivente. Grande parte de sua psicanálise aplicada, escrita ao longo de quatro décadas, refere-se à aplicação dos fenômenos culturais que serviram de verdadeiros exemplos de ilustração da teoria analítica e compreensão das esferas do fazer humano. Parece afastar-se da clínica, mas, em função disso, volta a ela ainda com mais força.

---

[16] A expressão "psicanálise aplicada" busca a especificidade do modo de pensar psicanalítico na relação com a experiência estética e com a crítica (Frayze-Pereira, 2005, p. 443).
[17] Strachey (apud Segal, 1993) lista 22 artigos de Freud relacionados ao tema, e Thomas Mann (2015, p. 39) situa toda a psicanálise como aplicada: "Ela já extrapolou há muito tempo a mera esfera médica – certamente sem que o médico que a criou tenha de início imaginado tal coisa [...]".

Deixamos de fora certas obras que abordam a cultura, como os tardios *O mal-estar na civilização* (1930a) e *O futuro de uma ilusão* (1927a), mesmo que enfoquem a arte de forma consistente. Este, por exemplo, considera-a capaz de proporcionar satisfações substitutivas, hipótese central que retomaremos. Em *Psicologia de grupo e análise do ego* (1921), Freud atribui ao primeiro poeta épico o afastamento da massa para criar o mito heroico do assassinato do pai: cultura, arte e indivíduo estariam interligados desde os primórdios. A escolha moldou-se mesmo entre a influência maior em nosso artesanato e a castração.

Grande parte dos seus trabalhos traz observações importantes sobre a estética. Podemos fazer uma leitura sistemática ou ao léu, pouco importa. Em *O interesse científico da psicanálise*, há um trecho em que Freud (1913a, p. 188) assinala as possibilidades e os limites nesse terreno: "A psicanálise esclarece satisfatoriamente alguns dos problemas referentes às artes e aos artistas, embora outros lhe escapem inteiramente.".[18]

Ele aproxima as forças motivadoras do artista e do neurótico em suas fantasias e seus instintos. No caso do artista, a chegada a um meio caminho entre uma realidade que frustra os desejos e a sua realização no mundo da imaginação. Freud está em sintonia com estetas renomados como Schlegel (1994, p. 55): "Pois este é o princípio de toda poesia, superar o percurso e as leis da razão racionalmente pensante e transplantar-nos de novo para a bonita confusão da fantasia, o caos originário da condição humana [...]".

A arte surge como a expressão simbólica das fantasias (Freud, 1916a). Ela é o meio de expressá-las e também o de devolvê-las à realidade. Como esteta, Freud está mais interessado no conteúdo latente do que na forma. Perscruta um universo imaginário, ênfase da abordagem psicanalítica, pelo menos em seus primórdios, mais preocupada em relacionar o mundo interno do autor com a sua obra do que a obra com o receptor. Mesmo assim, a contribuição é incalculável. Há uma aproximação entre criação artística e neurose, preocupação, culpabilidade. Será preciso esperar psicanalistas ulteriores, como Winnicott, para aproximar a fantasia ainda mais do jogo e das relações interpessoais. Mas Freud, como veremos, abriu caminho para todos eles.

---

[18] Intitulado *O interesse da psicanálise do ponto de vista da ciência da estética*.

O estranho,[19] incluído na edição francesa, também não consta na nossa, apesar da importância da ênfase no efeito sensível da obra, bem mais do que no belo (Frayze-Pereira, 2005). É justo o efeito no espectador que revela o mais explicável e analisável em termos de juízo ou sentimento, abrindo-se à possibilidade de compreender os fenômenos da clínica. Freud se vale de uma abordagem literária – *O homem de areia*, de Hoffmann – para chegar a seus objetivos. Arte e psicanálise ali dão conta de uma perda, um sofrimento (Freud, 1919; Conde, 1985).

Margaret Mahler (1993), estudiosa dos fenômenos de simbiose e individuação na infância, situa a perda vivida pelo bebê, ao se separar da mãe, como a precursora da imaginação. Perdas precisam contar uma história. Elas são únicas e só podemos contar a nossa. A nossa própria análise. Com arte. Procura-se uma arte e uma análise para lidar com o que perdemos? Elas são frutos do que se ganhou apesar de? Do que se imaginou não perder? Sem resposta, mas Freud nos permite as perguntas, o que não é pouco em termos de saúde estética ou mental: "Perdi/Se achar/ Não chega/A esta altura/verteu sangue/contou coisa/teve imagem/fez-se arte/espalhou-se/prato sem/uma síntese/de colher/e já não se entregaria/a um achado qualquer".[20]

O texto freudiano mais próximo à estética, *A interpretação dos sonhos*, também não recebeu de nossa parte uma análise particular. Édipo, Hamlet e Fausto são figuras assíduas nesse livro, carro-chefe da teoria analítica. Ao longo de suas páginas, Freud (1900) relacionou arte e sonho para mostrar o quanto os seus mecanismos são próximos. Censura, deslocamento, condensação, figurabilidade, dramatização, revisão secundária coincidem. Ele chega a usar a poesia – o encadeamento dos versos, a utilização das rimas – como um guia para o sonho que se aproxima da arte e do pensamento arcaico, ideias que não param de ecoar em autores contemporâneos (Freud, 1900; Cassorla, 2016).

---

[19] Reconhecemos a importância das relações entre o texto e as questões da estética, principalmente quando Freud enfatiza "a teoria das qualidades do sentir", aspecto que considera ausente nos trabalhos em geral sobre o assunto (Freud, 1919, p. 237). Consideramos importante a hipótese de que o efeito artístico seja abarcado pela imagem do estranho, recurso utilizado pelos ficcionistas e bastante próximo dos complexos infantis reprimidos e da concepção animista do universo, presente nos contos de fadas. Aqui flagramos novamente as relações entre a arte (estética) e a infância.

[20] *Perder Outra Vez*, do livro *Em defesa de certa desordem* (Gutfreind, 2013, p 110).

Uma década depois, reincide no assunto e volta a aproximar o método analítico dos fenômenos psíquicos normais ao insistir no quanto estão presentes nos chistes e nos mitos (Freud, 1913c). Corte para outra década. Em *Breves escritos*, ele o reafirma ao mencionar a sublimação das pulsões, desviadas de suas metas originais para a cultura.[21] No mesmo texto, retoma a posição contraditória e afirma que a psicanálise não pode fazer uma apreciação estética ou desvendar o gênio artístico, mas é decisiva nas questões da fantasia (Freud, 1922). Considera a arte enraizada nessa fantasia inconsciente profunda e o artista como capaz de relaxar a repressão a fim de expressar seus conteúdos, mesmo havendo limites. Aqui uma aparente neurose é recurso de saúde mental em sintonia com o paradigma freudiano situado além do normal-patológico[22] (Freud, 1916b).

Ele se entusiasmou com a possibilidade de se aproximar do enigma da arte e do artista com as lentes da teoria analítica. Há momentos em que adentra um esquema didático: a arte seria a memória específica de uma vivência na primeira infância; a recordação do fantasma com o retorno do recalcado geraria um prazer, uma satisfação substituída, de ordem estética e não obsessiva. Freud aproxima-se da tradição da arte como uma catarse, conforme as noções de Aristóteles que tanto o influenciaram.[23]

Ao aproximar o artista dos neuróticos, irritou leitores, como o crítico de arte Roger Fry (apud Jones, 1989). Mas, no princípio de contradição que marcou a psicanálise, abre novas possibilidades ao considerar o humor como um triunfo do ego e do princípio do prazer sobre o Supereu (Freud, 1927b). Um prazer estético que nos evoca uma vinheta clínica alimentada pela arte: Gustavo tem 13 anos e veio tratar-se por dificuldades com a frustração que o levavam a uma reação explosiva e uma tristeza profunda. As sessões de análise costumam dividir-se em dois momentos: no primeiro, jogamos e, no segundo, conversamos. A decisão do enquadre foi dele, mas, um dia, atribuiu a mim. Ali interpretei que a dificuldade com a frustração estava deslocada e tinha a ver com não poder decidir a própria vida; afinal,

---

[21] A arte funciona como um mecanismo de paraexcitação (Guillaumin, 1998).
[22] Rank (2015) realça a fantasia como o fato comum entre as narrativas míticas e os contos de fadas, produtos de sua atividade criativa. Pós-freudianos mais recentes seguem enfatizando a importância dessa fantasia inconsciente no processo criativo como Pichon-Rivière (1997) e Green (1994), para quem a obra de arte seria a tradução-expressão e a substituição do fantasma ou uma recusa do mundo (uma segunda realidade) tal como aparece.
[23] Freud foi quem primeiro adotou na terapia psicanalítica o termo aristotélico de catarse (Kris, 1968).

em casa, isso era muito difícil diante do irmão mais velho. Tempos depois, Gustavo contou uma situação em que enfrentou melhor o seu problema. A turma tinha de preparar uma apresentação para a escola, os meninos procrastinaram, as colegas reclamaram, e o professor decidiu suspender a hora do futebol. Gustavo ficou muito brabo e com vontade de "surrar" uma das meninas, mas se conteve e decidiu esperar. Na sequência, um dos colegas "peidou", aquilo virou uma farra, e o que era para ser um momento terrível tornou-se prazeroso. Ele estava diante de uma situação exitosa, verdadeiro triunfo em que um afeto desagradável tornava-se agradável através do humor. Da arte do humor, em sua análise, capaz de reverter com a poesia do insólito a repetição de uma prosa violenta e mortífera.

Freud preconiza a importância de suportar a vida dura e obter uma vitória sobre a efemeridade através de recursos como o humor, a arte e a criação: "O sonho, o jogo, o sonho desperto, a poesia jogam dados com a morte [...]" (Ricoeur, 2010a, p. 231). Escrever mata a morte, preconiza o escritor Romain Rolland, amigo literário de Freud (apud Pontalis; Mango, 2014). Criar enfrenta a pulsão destrutiva e a compulsão à repetição. Arte e psicanálise parecem essenciais para vencê-las. Não seríamos nós, analistas, esse outro que, nas transferências amorosas (ódio, incluso), acolhe falhas, fracassos e narcisismos e propõe a reconstrução de uma história com mais arte, filtro, alteridade e transformação? Com mais poesia e novas versões para a prosa?[24]

A cultura surge como um verdadeiro recurso terapêutico. Em *A interpretação dos sonhos*, Freud (1900) escreveu de forma sistemática as primeiras reflexões sobre o tema. Por mais que estivesse interessado em desvendar cientificamente o sonho, acabou realizando um verdadeiro estudo sobre a estética. Se ele rumou às Índias da ciência, chegou à América das artes, aonde, por qualquer rota traçada, a análise costuma aportar. Ao longo da obra, reconhece os limites da ciência como explicação da arte e o quanto aquela vai até onde chegam as suas possibilidades formais.[25] Aquilo que

---

[24] Meltzer e Williams (1994) enfatizam o caráter ficcional da transferência. Nas relações possíveis entre psicanálise e arte em seus diversos gêneros, autores contemporâneos destacam a transferência e tomam o teatro como modelo para ela: na cena analítica, é preciso que o analista possa desempenhar diferentes papéis (McDougall, 1982; Cassorla, 2016).

[25] Ernst Jones (1989), em sua biografia, no capítulo específico sobre arte a que já nos referimos, relata que foi desencorajado a escrevê-lo pelo psicanalista Kris e por Ernst, o filho artista de Freud. Ambos defendiam a ideia de que o biografado pouco entendia de estética. Na realidade, o criador da psicanálise tinha uma visão conservadora e desconhecia a pintura de seu tempo

o senso comum aponta como uma explicação ("Freud explica"), lemos como uma expansão narrativa (Freud amplia).

Em seu estudo autobiográfico, ele confessa de forma explícita que a psicanálise nada pode fazer para elucidar a natureza do dom artístico ou explicar a sua técnica. Descreve o artista como aquele que, depois de renunciar à conquista de poder, riqueza, felicidade, glória e amor das mulheres, dedica-se à vida imaginativa até que, amparado pela neurose, desenvolve meios e formas para criar algo universal. Então, sem se evadir do real, ao contrário do neurótico, aproxima-se do que havia renunciado: poder, riqueza, felicidade, glória e amor das mulheres. A arte aparece como uma forma de lidar com a perda, driblar a incompletude e realizar um desejo de forma alternativa à neurose. Saúde, enfim (Freud, 1925b).

Por mais que relacionasse arte e psicanálise, ele às vezes as opunha, nem que para efeitos didáticos. Há momentos em que o reconhecimento de diferenças e limites é ainda mais contundente. Em uma sessão da "Sociedade das Quartas-Feiras", o musicólogo Max Graf, pai do pequeno Hans, fez uma exposição sobre a psicologia dos escritores. Na discussão que se seguiu, a posição de Freud sobre as aproximações entre a criação do artista e sua neurose foi contundente:[26] "A Psicanálise [...] merece ser colocada acima da patografia, pois ela inquire acerca do processo de criação." (Chaves, 2015, p. 11).

Freud mostra-se ciente dos perigos que ele mesmo não evitou certas vezes e da importância de buscar o melhor da arte e não o pior do artista. Ele não pretende desvendar o dom artístico que considerou enigmático repetidas vezes. Há explicações, sim, mas não a pretensão de que elas desfaçam o mistério. A ilusão sobrevive como ao final de uma arte ou de uma análise. Vale a viagem, o deslocamento: "A busca do segredo jamais deve terminar, pois ela constitui o próprio segredo." (Todorov, 2014, p. 43).

Ernst Gombrich (1999, p. 31 e 43), historiador da arte, recomendava cautela com os estudos psicológicos de Freud e o perigo do reducionismo quando o entendimento da obra se centra na vida pessoal do artista: "Por mais que tentemos, nós, historiadores, não podemos ressuscitar os mortos e deitá-los nos divãs dos senhores. [...] A questão é que ele [Picasso] se acha numa situação em que seus conflitos particulares adquirem relevância artística.".

(Roudinesco, 2016). Isso traduz um paradoxo, já que Freud encantou vanguardas. Impressiona que tenha ao mesmo tempo aprofundado a noção estética que, algumas vezes, reduzia.
[26] 1907.

O autor foi um dos pioneiros em apontar que as maiores contribuições da psicanálise estão na estética, na evolução do símbolo (aqui cita os estudos de Jones), no contexto da arte e nos efeitos da obra no público, mais do que na vida pessoal do artista. Mas ele foi um dos críticos renomados que não considerou a psicanálise como inimiga da análise estética. E não está sozinho. Outros estudiosos, ainda que reconheçam as contribuições freudianas, recomendam cuidado com eventuais reduções nas interpretações focadas na biografia do artista ou na ideologia da época. "Não é melhor deixar que as obras se exprimam livremente?", pergunta Zerner (1976, p. 145).

Meltzer e Williams (1994) defendem que os aportes psicanalíticos para qualquer teoria da inspiração e da criatividade precisam vir da experiência do processo analítico, e Chasseguet-Smirgel (1971) também critica o método biográfico, proveniente da psicanálise, quando analisa a arte e o artista com o foco tão somente nas pulsões inconscientes sem apreender a especificidade da obra, seu caráter único e estilo.[27]

Teóricos da estética jamais chegaram, por mais fundo que fosse o seu mergulho na linguagem, ao desvendamento de uma arte: "Uma longa série de publicações empreendeu uma análise sistemática da psicologia da arte, mas não me consta que existe algum trabalho que tenha posto e resolvido objetivamente o problema da síntese psicológica da arte."[28] (Vygotsky, 2006, p. 24).

Não é o nosso objetivo retomar sistematicamente as referências estéticas de Freud, mas qualquer parada em sua obra encontra momentos cruciais. No texto sobre a psicoterapia, a partir de Leonardo da Vinci, ele traz a clássica expressão de que a psicanálise segue *per via de levare* (retirada como a escultura) e não *per via de porre* (acréscimo como a pintura). Estamos novamente diante de analogias com a criação artística. Elas não cessam ao longo de seus trabalhos (Freud, 1905b).

A percepção do limite é recorrente, mesmo em textos que não leremos profundamente, por estarem fora do núcleo de nossa psicanálise "aplicada", como *O mal-estar na civilização*, em que pontuou a arte como a grande fonte das soluções imaginárias: "A ciência estética busca as condições sob as quais as coisas são percebidas como belas, mas foi incapaz de explicar a

---

[27] Rancière (2009a) é outro que aponta uma abordagem unívoca, racional e causal – o criticado biografismo freudiano – em textos como *Gradiva*, mas fica a pergunta: Freud afirmou que a sua interpretação excluía outras possíveis?
[28] Tradução do espanhol.

natureza e a origem da beleza, e, como acontece com frequência, o fracasso se esconde sob um fluxo de palavras bonitas e vazias." (Freud, 1930a, p. 17).

Ali afirma que a arte oferece ilusões psiquicamente eficazes e revela uma profunda admiração pelos artistas por serem capazes de chegar, a partir de seus próprios sentimentos, ao mais profundo conhecimento. Evoca-nos a frequência com que a arte nos dá acesso na clínica ao mundo interno em sintonia com o depoimento de grandes escritores: "A arte é a união do subjetivo com o objetivo, da natureza e razão, do inconsciente com o consciente. E, portanto, é o mais alto meio de conhecimento."[29] (Tolstói, 2016, p. 38).

Em *Totem e tabu*, publicado anos antes, descreve o assassinato do pai na horda primitiva, fato mítico e considerado fundador da nossa civilização. A figura do artista surge como aquele que se coloca no lugar do herói para permitir aos irmãos, agora órfãos, contar com uma criação que possa substituir o pai (Freud, 1913d). Se o pai perdido precisa ser introjetado, a arte reaparece para dar conta de uma perda e constitui-se em uma via eficaz à renúncia de satisfações como o desejo edípico (Freud, 1913d). A ideia se candidata a uma categoria essencial da visão estética freudiana. Para lidar com essa parte difícil da realidade, dizer, contar, criar é o que as casas artística e analítica oferecem: "os limites do nosso mundo são os limites da nossa linguagem" (Wittgenstein apud Dunker, 2017, p. 151).

Convém ressaltar que Freud (1913d) menciona o poder curativo da criação artística. O artista é alguém capaz de exorcizar através do que ele cria. A sua produção situa-se no pensamento arcaico e onipotente da humanidade. O nosso livro também é uma viagem de retorno aos primórdios em busca de um conhecimento que a estética proporciona à psicanálise. E à vida.

UMA PITADA DE PÓS-FREUDIANOS: OS ACRÉSCIMOS PELA FRENTE POR TODOS OS LADOS

Psicanalistas contemporâneos de Freud também se dedicaram à questão da estética.[30] Podemos citar Ernst Kris, com as explorações psicanalíticas

---

[29] Para Pichon-Rivière (1997), a experiência estética e a contemplação são fundamentais na transformação do inconsciente em consciente ou na aquisição do conhecimento.
[30] Referimo-nos à estética de forma ampla, sem discriminação das diversas formas de arte – literatura, pintura, escultura –, senão quando a partir dos estudos específicos, conforme o capítulo.

da arte na psicologia do ego e suas defesas – a criação como uma regressão –, bem como Jung (1964)[31], com seus estudos sobre o símbolo, e Otto Rank, com a exploração dos heróis e do duplo.[32] Ferenczi aproximou a psicanálise do folclore (do conto) como possibilidade de representar para elaborar a onipotência e abrir mão dela: *"Anything you want, you got it/Anything you need, you got it"*:[33] *Tudo o que você quer você consegue. Tudo o que você precisa você consegue.* A arte oferece uma representação para abandonar a onipotência na vida: afinal, é preciso cantar e brincar para aceitar o que nos falta.

Preciosas contribuições ofereceram psicanalistas ulteriores a Freud. Melanie Klein[34] concebeu a arte como reparação e fruto da inveja, Marion Milner (1991) trouxe a importância da ilusão na vida psíquica e da maleabilidade dos objetos, incluindo as histórias e a pertinência de contá-las para filtrar o passado. Lacan fez estudos amplos sobre o simbólico e específico sobre James Joyce, entre outras obras literárias. Bion aproximou a arte da pintura e da capacidade de devaneio para ajudar a sonhar, Green trouxe críticas às interpretações simplistas, Meltzer e Williams (1994) ampliaram o sentido estético para a vida de forma geral, Segal (1993) enfatizou a importância do simbolismo e das fantasias, Kohut (1984) situou a criatividade como fruto da transformação do narcisismo, Winnicott propôs o conceito (estético) de espaço potencial, Chasseguet-Smirgel (1992) relacionou o processo criador com a sublimação, guiados pelo ideal do ego, entre tantos outros autores, intermináveis como uma análise longa e longe de qualquer síntese.

Cada um dos "grandes" deu o seu "pitaco" e esboçou uma teoria sobre a criação artística, um dado significativo para nós. Há, inclusive, a tendência de se valer dos pós-freudianos para maiores aproximações entre arte e psicanálise, embora não seja o nosso propósito, mesmo se volta e meia

---

[31] Incluímos a importância do trabalho – Jung como referência – de Nise da Silveira (2015) e o Museu de Imagens do Inconsciente.
[32] "O pensamento da morte se torna suportável pelo fato de que se assegura, após esta vida, uma segunda em um duplo" (Rank, 2013, p. 140). Chasseguet-Smirgel (1971) relembra que as obras de arte são verdadeiros duplos do ser humano, e Schneider (2008), mais recentemente, evoca o psicanalista como o duplo do artista.
[33] Roy Orbison, *You Got It*, tradução do autor.
[34] Consideramos a ideia da angústia como precursora da criação de símbolos uma das contribuições importantes da psicanálise ao trabalho de um artista (Klein, 1930). Ela faz o contrapeso de uma cultura médica que ainda seda o sintoma sob o risco de coibir o ato criativo.

contamos com o apoio de autores contemporâneos como Green, Kofman, Ricoeur, escritores como Tolstói e filósofos como Kant, entre outros que nos interessaram como leitores diretos ou indiretos de Freud.[35]

Mezan (1985) refere-se a uma teoria psicanalítica da cultura e dispensa o termo "psicanálise aplicada", intrínseco a toda psicanálise (pura). Bersani (2011) propõe uma hipótese interessante: o recuo da psicanálise nos Estados Unidos não vem afetando a sobrevivência do texto freudiano como importante manifestação cultural. O autor refere-se à estetização dessa obra, capaz de abrir-se feito uma arte como tantas vezes evolui a nossa clínica muito além do princípio da ciência. Questiona-se mais o controverso Freud cientista do que o premiado escritor, mais o terapeuta do que o artista. E não poderia vir senão de outro grande autor, Thomas Mann (2015, p. 8), a expressão aplicada à psicanálise de "[...] parte essencial da composição poética de todo o âmbito de nossa cultura [...]".[36]

Birman (1996; 2014) relembra a resistência do discurso oficial da ciência às ideias de Freud relativas à metapsicologia e à narrativa clínica que o aproximam ainda mais do campo da literatura. Ele relaciona a psicanálise com a estética e a qualifica com a expressão "estilística da existência", quando evoca o seu fracasso como um projeto de cura no sentido de normalização, mas de sucesso como estilização ou aplicação cultural. Achar o próprio estilo envolto à capacidade de expressão surge como a cura possível, prenhe de arte, portanto. E não seria à toa a hipótese de que, se a psicanálise não fizer mais sentido como método terapêutico, poderá seguir reverberando como fenômeno artístico, coletivo, cultural, indiretamente terapêutico: "Abrilhantou-se a reputação da psicanálise enquanto arte, enquanto que sua reinvindicação a um *status* científico escorregou para a irrelevância." (Meltzer; Williams, 1994, p. 12).

Tentamos não perder a clínica de vista e o quanto a arte tem a oferecer a ela. Mais do que se explicarem, uma se implica com a outra (Ciccone, 2007). A título de exemplo, podemos relembrar Winnicott (1971) com as noções de espaço potencial e objetos transicionais. Ele vê na arte o espaço de separação da mãe e do bebê. É preciso arte para chegar e partir, amar e

---

[35] A intenção é dialogar com os interlocutores de Freud na arte de conversar com a citação (Mann, 2015).
[36] Manuel Puig (apud Piglia, 2004, p. 52) refere-se à psicanálise como "[...] uma das formas mais atraentes da cultura contemporânea.".

despedir-se.[37] É preciso liberdade para criar: "Também é necessário que o escritor perdoe a si mesmo pelas atrocidades com as quais preenche tantas páginas. Sem essa autoaceitação, escrever é um estado punitivo demais para sustentar.", escreve Thomas Ogden (2010, p. 149).[38]

Kris (1968), a partir de Freud, situa a criação artística igualmente onde há um relaxamento das funções do ego. Anzieu (1997, p. 245), em suas breves incursões ficcionais, mostrou-se em sintonia com os colegas: "Escrevia, prioritariamente, ao sabor dessa inspiração, cuidando de levantar a censura interna, sempre prestes a desfazer o que se cria murmurando: 'É ruim. [...]'".

Convém investir na arte para vincular-se, depois para separar-se e adquirir autonomia. Convém baixar a guarda da crítica para criar, o Supereu não colabora com a criação. A arte desponta no equilíbrio entre amar e despedir-se, deslocando-se com alguma liberdade. Como uma análise, ela pode integrar o que estava dissociado até então. Emergir mais criativo de um processo analítico costuma ser a tendência. Aqui estão verdadeiros critérios do que uma análise ou uma arte podem nos oferecer de mais sagrado: aproximar-nos da renúncia do ideal de ego (Freud, 1923a), conforme podemos ver representado nos versos de Pixinguinha e Otávio de Souza: "Tu és a forma ideal, estátua magistral/Oh alma perenal do meu primeiro amor, sublime amor".39

O acesso à arte ou à cura em seus caminhos pedregosos entre os princípios de prazer e realidade é um vir a ser, alvo mirado sem cessar: "Em todo bom poema é preciso que tudo seja intenção e tudo instinto. Por isso ele se torna ideal." (Schlegel, 1994, p. 83).

Que a análise possa negociar com os ideais (da arte, da vida) e, como o mecanismo que ajeitasse a lenta de um automóvel – a tireoide no metabolismo do corpo –, possa regulá-los a ponto de que nos levem a construir o real sem inibição ou paralisia. Precisa isso para uma arte. E para uma psicanálise. Ambas rompem o silêncio com a melodia sobrevivente a fim de fazer o possível em meio ao que parecia inalcançável. Para dizer até

---

[37] A partir de Winnicott, podemos pensar que a arte é decisiva para a construção do ego no vínculo com a mãe e, depois, para a individualização. A expressão do destino humano como amar e despedir-se é, originalmente, do poeta Pablo Neruda (1971).

[38] Escrevi, certa vez, um capítulo denominado "Seis propostas soltas para uma escrita psicanalítica", no qual destacava a importância do relaxamento das instâncias do ideal do ego e do Supereu para que a escrita pudesse fluir (Gutfreind, 2014).

[39] PIXINGUINHA. Rosa. Intérprete: Orlando Silva. In: SILVA, O. Orlando Silva & Regional. Rio de Janeiro: RCA, 1937. 1 disco sonoro. Lado B.

criar a parte que nos cabe, até então incabível e condenada a repetir-se calada sem descortinar a novidade. De uma arte. De uma análise.

ARTE E PSICANÁLISE ENFIM JUNTAS DESDE O COMEÇO: REPRESENTAR, METAFORIZAR, SONHAR, SENTIR, PENSAR COM EMPATIA

Na forma e no conteúdo, psicanálise e arte lidam com a questão do irrepresentável e buscam desfazê-lo. Elas são teimosas com o não dito e fazem disso a sua questão central: "Mas era preciso dizê-lo, porque a poesia é exatamente isto: dizer o não dito." (Gullar, 2015a, p. 62). A poesia e a psicanálise – nós acrescentamos – para contar uma história possível. Cura e obra guardam este objetivo em comum: representar para obter o ouro máximo de sua realização.

Artistas conseguem transformar seus devaneios em um objeto artístico e, através do potencial terapêutico da metáfora, contam com a capacidade de suavizar as fontes proibidas.[40] Sem arte, não poderíamos amenizar as neuroses e nem ao menos contá-las: "Sem algum tipo de metáfora especial subjacente que dê aos objetos internos alguma oportunidade de simbolização, o sonhador, o espectador ou o crítico pode sentir-se inundado pela nuvem de desconhecimento [...]" (Meltzer; Williams, 1994, p. 245).

No terreno aberto por Freud, Ricoeur (2010a) alude à unidade temática entre obra de arte, sonho e sintoma como expressões da realização de um desejo, ainda que alerte para os limites das aproximações em função das diferenças. Ele valoriza a importância do prazer estético que a arte proporciona.[41] Se o sonho é uma via régia para o inconsciente, a arte pode ser outra no cotidiano de nossa clínica, por estar próxima a ele com um acesso menos ameaçador (Freud, 1900; Chasseguet-Smirgel, 1971).

Há quem utilize a expressão "arte de analisar", sugerida no título do nosso livro (Regnault, 2001). Em outras palavras, não haveria psicanálise

---

[40] O escritor Jorge Semprún (1994) utiliza a expressão "desvio suportável" sobre a importância da arte e da escrita em momentos de desastre para a condição humana.
[41] No estudo sobre os chistes, Freud (1905a) refere-se a um prazer preliminar que conduz a um prazer final de completa satisfação. Ricoeur (2010a, p. 188) lembra que conto e sonho trabalham com o mecanismo da substituição, mas salienta as diferenças: "Efetivamente, uma coisa é fantasmar a noite em sonhos. Outra coisa é produzir num objeto durável – escultura, pintura, poema – a única realidade que possa compensar este original ausente que chamamos de as impressões da tenra infância.".

sem palavras ou sem o seu rearranjo. O que somos é fruto do que narramos. As relações soam inevitáveis. Elas se situam na bifurcação de um interesse individual de Freud pelas artes, conhecido e exaltado por seus biógrafos e um contexto cultural de uma Viena que punha a cultura acima de qualquer outra manifestação.[42]

O sonho, em seu trabalho de ilusão narrativa para distrair o Supereu e figurar o desejo, precisa efetuar um disfarce.[43] Como a arte. Como a análise. Os sonhos e o material clínico proferido em vigília, pela sua estrutura e contingência de palavra, silêncio, representação e segredo, estão mais próximos da arte do que da vida em si, envolta em mistério, incognoscível. A vida costuma ser desarrazoada antes de ser refeita e contada por alguma arte. Ou psicanálise.

Os trabalhos onírico e artístico se mostram equivalentes. A ficção e a poesia oferecem uma mediação da nossa vida mental com a aproximação entre sonho e obra, reunidos pelos mesmos mecanismos e acrescidos de uma historicidade necessária. De certa forma, não há cura que não esteja relacionada às possibilidades de criar, sonhar e contar. Sem eles, não chegaríamos a ela. Há no fundo do desejo de um artista e de um analisando a necessidade verdadeira de dizer e a impossibilidade de fazê-lo sem arte. Pode ser isso o que chamamos cura. E deve ser estético. Não há melhora psíquica que não esteja relacionada à possibilidade de pensar e de sentir. E como fazê-los ou juntá-los sem a mediação da arte e da poesia?

A psicanálise aprofunda-se de pequenas em pequenas mediações. A criação artística, próxima a ela, é feita dos mesmos recursos e há aqui novas aproximações. Artista e psicanalista não trabalham movidos por uma grade, um esquema, um protocolo, ainda que possam basear-se em métodos e conceitos. Eles são guiados pela invenção, pela criatividade, pelo desconcerto e realizam a sua tarefa quando descobrem o inédito, o prazer da novidade, o até então ignorado, a variante de uma obra e de uma vida.

Freud (1926) se referia à arte necessária para suportar o seu trabalho: "O psicanalista é como o bode expiatório dos hebreus. Os outros descarregam seus pecados sobre ele. Ele deve praticar sua arte à perfeição para desvencilhar-se do fardo jogado sobre ele.".[44]

---

[42] "Nossa verdadeira pátria era nossa cultura, nossa arte." (Zweig, 2013, p. 294)
[43] Noemi Kon (2003, p. 310) utiliza a expressão "brincadeiras de gato e rato" para representar o processo.
[44] Entrevista a George Sylvester Viereck.

Analistas e analisandos são coautores em busca da inteligibilidade sensível do sonho (único, pessoal) através de uma interpretação das coisas da vida e da morte, impregnada de uma estética aberta, parcial, incompleta, não saturada (Bion), ávida de transformações:[45] "A obra de arte exige interpretação, isto é, suscita, por si mesma, uma leitura múltipla, ou melhor, infinita, como infinitas e sempre diversas são as pessoas dos intérpretes e dos leitores." (Pareyson, 1984, p. 87).

Valoriza-se hoje o que não pode ser falado, nem ao menos explicado, a forma para além dos conteúdos do jogo pulsional. Borges, com a polissemia e a abertura de seus escritos plenos de imagens (tigres, labirintos), é um autor representativo para muitos analistas (Green, Kancyper). Ao contrário da aparência, conta mais não definir, guardar o que de fato é vago, sugestivo em busca de algum símbolo. A análise pode ser mais arte do que análise, e Meltzer (apud Cassorla, 2016, p. 45) descreve o analista como um *gerador de poesia* que abandona o pensar (ciência) pela intuição (arte). Artistas da palavra estão em sintonia com ele: "As pessoas que possuem na mente uma mensagem com contornos relativamente bem definidos não precisam ter o trabalho de convertê-la em narrativas.", escreve o romancista japonês Haruki Murakami (2017, p. 13).

Analisar converte o vago e doído (não representado) em sonhos, narrativas, e as motivações da arte aproximam-se da análise na busca em comum de uma história para o que no fundo somos quando conseguimos dizer: obscuros, ilógicos, indefinidos até que criação e análise tentem organizar o caos e, representando, aliviem em parte: "Para tornar uma *história* boa, quer parecer, você deve torná-la algo incerta, algo aberta a várias leituras, um tanto sujeita aos caprichos de estados intencionais indeterminados." (Bruner, 1997, p. 53).

Arte e psicanálise se encontram e fertilizam-se reciprocamente. As aproximações freudianas da estética trazem uma ideia diferente de correntes presentes na época vitoriana ou nas que a sucederam. Freud a compreende como um resultado expressivo que transcende a própria linguagem e que só poderia acender-se e encontrar alternativas a partir da própria vida, na relação carnal entre o artista e seu público, como fazem os leitores a partir de suas sensações. Ele é um esteta encarnado e prático em meio à

---

[45] "O que me interessa, acima de tudo, é o *destino* criador da interpretação [...]", conforme sintetizou Faimberg (2001, p. 52).

sua teoria: "O artista vive na carne, faz de seu movimento o pensar [...]" (Kon, 2014b, p. 47).

Opiniões aqui convergem sem abrir mão da divergência. Há um acréscimo – isto e aquilo, de Cecília Meireles (1990) – combatendo na modernidade a ancestral dissociação entre o intuitivo e o mecanicista, entre o orgânico e o psíquico ou qualquer outra dualidade redutora presente pelo menos desde o pensamento sistematizado de Descartes e de todos nós. Saúde é reunir, juntar. Arte e psicanálise são talhadas para a tarefa. Juntas, oferecem fontes prenhes de um potencial de expressão e síntese – a cura?

A IMPORTÂNCIA DE DIZER E DESENHAR

Em *A interpretação dos sonhos*, Freud (1900) reconhece que a figurabilidade é intraduzível para a linguagem da razão como o "umbigo do sonho" com a deformação e a censura inacessíveis. Mesmo assim, cada sonhador tem a sua própria gramática, e cada artista, o seu estilo. Não desistem de tentar dizer. A afirmação é pungente. Ela individualiza o encontro analítico. Como a arte. O casal Botella (2002, p. 34) considera que é mais importante figurar – "a única saída" – do que interpretar, daí advindo o trabalho de tornar inteligível o até então irrepresentável. Embalados por eles, seguimos: toda análise busca figurar como uma arte, e toda figuração é única e individual. Original. Artística. Quem mais poderia colaborar com a clínica do que a arte?

Chegamos a um paradoxo já no começo de nosso trabalho: como tais concepções poderiam conviver com uma reflexão geral sobre a estética? Não poderiam, mas Freud não recuou em seguir pensando sobre uma obra que abarcasse princípios do funcionamento mental. A arte e o inconsciente, onde e quando se fazem representar, mostram e ocultam a verdade. O paradoxo: "O significado, ao mesmo tempo que se repete sem trégua, se deforma e escapa a uma apreensão unívoca, global e definitiva." (Green apud Kofman, 1996, p. 113).

Uma verdadeira análise é interminável, assim como a necessidade por arte de uma vida:[46] "Dizer sem arte é uma violência como outra qualquer", escrevemos no poema que traz para o artista a imagem de "palhaço do

---

[46] Para Vygotsky (2006), a arte nunca se cumprirá, mas vale o esforço de buscá-la ao conduzirmos nossa vida. O historiador Gombrich (2013, p. 33) vaticina: "Em se tratando de arte, o aprendizado é interminável.".

disfarce" em sintonia com a verdade sempre deformada como preconizam o cientista Freud e os artistas em geral.[47]

Ao aprofundar-se no estudo de Édipo, ao longo de uma obra repleta de referências culturais, Green (1994) assinala que a natureza da verdade só pode ser percebida negativamente por um contrário que subverte a razão, criando um duplo. Psicanálise e arte talvez sejam os únicos instrumentos capazes de revelar o negativo como nas fotografias originais. Para dizer. Com arte.

Freud (1900) mostrou que a verdade só se deixa apreender através de deformações. A criação artística segue à risca o preceito. É o que a forma faz com o conteúdo. Como conceber a descoberta de verdades (psicanálise?) sem disfarces artísticos (verdades possíveis, suportáveis)? O poeta Mario Quintana (2013) aproxima-se do psicanalista André Green ao expressar que o poema é uma estranha máscara mais verdadeira do que a própria face. Para termos acesso às verdades psíquicas, precisamos de disfarces e lidamos com máscaras, conforme o depoimento de vários analistas-artistas: "O psicanalista e o escritor estão muito próximos um do outro quando desafiam a enfermidade inata da linguagem, de luto pela 'coisa mesma', e confiam nos recursos infinitos da língua." (Pontalis; Mango, 2014, p. 206).

Arte e psicanálise confiam na evocação da falta para algum preenchimento psíquico, lá onde reside um dos principais sentidos da palavra: "A escritura trabalha essa dimensão de ausência [...]"[48] (Green, 1994, p. 46). O psicanalista se refere à criação como um trabalho contínuo de elaboração poética e analítica em torno dos vestígios do objeto perdido. E dialoga em nosso imaginário com outro poeta: "Lutar com as palavras/é a luta mais vã/Entanto lutamos/mal nasce a manhã".[49]

Luta em comum do poeta e do analista. Um e outro, obra a obra, sessão a sessão, baseiam-se no procedimento estético e suspendem o sentido habitual de um significado (Fonseca, 1993). Buscam novos junto ao leitor e ao paciente através de palavras arejadas para acolher o sentimento onde dói e onde falta. Para que eles possam dizer. Dizer atenua, é o que atenua – a cura?

---

[47] *Tesouro secundário*, 2017b, p. 53.
[48] Hanna Segal (1993, p. 252), outra pós-freudiana interessada nas relações entre psicanálise e estética, escreveu: "Toda criação é realmente uma re-criação de um objeto."
[49] Andrade em *O lutador*, 2012, p. 215.

Meltzer e Williams (1994, p. 35) defendem a ideia ou o sentimento de que a estética faz parte da saúde mental ao apreender o belo através de uma resposta emocional à percepção:

> A mente é a função geradora de metáforas que usa o grande computador para escrever sua poesia e pintar seus quadros de um mundo cintilante de significado. E significado é, em primeira instância, a manifestação fundamental das paixões da relação íntima com a beleza do mundo. (Meltzer; Williams, 1994).

Aqui encontram Schiller (2002, p. 109), quando defende o sentimento ou a ideia de que a beleza é uma condição necessária para a humanidade.[50] Para o poeta, o belo é que daria às sensações a capacidade de pensar: "Numa palavra: não existe maneira de fazer racional o homem sensível sem torná-lo antes estético".

As relações entre a arte e as origens da vida psíquica reaparecem em escritos de diversas procedências. Para Dufrenne (apud Kon, 2014b); Meltzer; Williams (1994), a experiência estética situa-se no começo, quando o homem – o bebê – experimenta a sua familiaridade com o mundo. Mais do que adentrar definições, interessa-nos a repercussão disso em nosso trabalho clínico. Aproximar mundos dissonantes nem sempre foi permitido ao pensamento humano ancestralmente dissociado, com dificuldades de integração entre um e outro, corpo e alma, pensamento e sentimento. Arte aproxima. Psicanálise aproxima. E integram: "A arte tem esse dom de nos fazer pensar sentindo." (Corso; Corso, 2018, p. 16).

Há na visão de Freud um recalque operado pela pulsão de morte com a possibilidade de sublimação e um desvio da pulsão. Mas isso não ocorreria sem um jogo com Eros, a pulsão de vida. A arte navega entre a morte e a vida. Como a análise e o amor. No limite.

---

[50] Eduardo Galeano (1991), em seu O *livro dos abraços*, conta uma história protagonizada pelo escritor Santiago Kovadloff. Quando era criança, ao ver o mar pela primeira vez, Kovadloff pediu ajuda ao pai para poder olhar. Anos antes, o músico Richard Wagner expressou algo semelhante: "Parece que o olho não me é suficiente como sentido de percepção do mundo." (Wagner apud Mann, 2015, p. 163). Apoiar, mostrar, oferecer-se como sustentação para o reconhecimento da beleza é uma das funções parentais mais importantes, embora menos reconhecidas. Sustentam-na a arte e a psicanálise.

NOS OLHOS DO FURACÃO: SUBLIMAÇÃO, IMAGINAÇÃO E MAIS EMPATIA

Adentramos um terreno essencial da estética freudiana: a sublimação.[51] Junto com a idealização, ela representa o principal processo ligado à criação artística em sua obra. Ernst Jones (1989), principal biógrafo de Freud, no capítulo sobre arte, resume a essência do pensamento estético freudiano na poderosa capacidade do artista de sublimar e tornar mais flexíveis as repressões.

A sublimação é vista como o paradigma da plasticidade das pulsões sexuais, carro-chefe da vida psíquica (Coblence, 2005). Ela compreende uma substituição (simbolização) e uma diferenciação do primeiro objeto em um processo secundário, capaz de produzir algo representativo da pulsão desviada do objeto primordial (Freud, 1916b). A substituição, a diferenciação, o processo secundário são a arte. E a psicanálise, no encontro de uma forma para dizer o conteúdo dos afetos.

Trata-se da invenção de novas formas ou *performances* contra a morte e seu silêncio. Verdadeiro filtro do pré-consciente, imbuído de mobilidade ou princípio de vida (Guillaumin, 1998). De vida contra a morte de que depende para criar e poder dizer apesar do trauma e do silêncio em torno dele. Diante da realidade de uma morte ruidosamente silenciosa, poder dizer é o que as casas analíticas e artísticas oferecem de melhor. Saúde, enfim: "A grande vingança/das moças/de Avignon/putas que estavam/ condenadas à vida/difícil e breve/foram Picasso,/a cor,/a forma/uma casa para a dor,/e agora/elas são eternas".[52]

Que a arte e a linguagem possam funcionar como o filtro no pré-consciente, consta desde os primórdios da psicanálise com a publicação do projeto para uma psicologia científica e a abordagem das regulações das oscilações dos estímulos. A criação artística e a psicanálise surgem como um produto final e positivo desse jogo de forças entre voz e silêncio, vida

---

[51] O texto em que Freud (1911b) aborda mais diretamente a sublimação é o estudo sobre Schreber, mesmo que ela esteja dispersa em outros trabalhos, como nos três ensaios sobre a sexualidade, nos quais é definida mais como um desvio do objetivo da libido do que como uma substituição do objeto. No estudo sobre Leonardo, veremos que ela é considerada o processo mais perfeito de dessexualização, mas de acesso limitado pela psicanálise (Freud, 1905c; 1910a).

[52] *Poema da vingança*, do autor Gutfreind.

e morte. Um envelope, contenção para a expressão possível (Freud, 1895b, 1905c, 1905a). Elas estão à cata da palavra reguladora para integrar ato e ideia, afeto e pensamento, pulsão e representação: "[A arte] pronuncia a palavra que andávamos buscando e faz vibrar a corda que estava tensa, mas muda." (Guyau apud Vygotsky, 2006, p. 305). As suas relações hoje vão além de explicar as obras através do inconsciente dos artistas ou de um conceito. A teoria psicanalítica sobre a criação estética é incompleta, inacabada, à espera de novas possibilidades.

A sublimação se confunde com a capacidade de imaginação, via que aponta para uma saída mais saudável do que a neurótica ao lidar com as pulsões ou entre os princípios do prazer e da realidade. Solução social, artística:[53] "A literatura é uma saúde.", escreve Gilles Deleuze (2011, p. 9).

A imaginação avulta como capacidade de fantasiar e sublimar. A criação artística é uma verdadeira reserva natural, um mediador: "A arte é o intermediário entre a imaginação, que satisfaz alucinatoriamente o desejo, e a realidade que o frustra.". (Kofman, 1996, p. 160). Ela é o "faz de conta", o "como se" winnicottiano, fundado em Freud. Talvez a única cura possível, dentro ou fora da psicanálise. Não há tratamento psicológico eficaz que não aumente os índices de imaginação e criatividade: "Fingir não é propor engodos, porém elaborar estruturas inteligíveis." (Rancière, 2009a, p. 53).

Nise da Silveira, em sua experiência com esquizofrênicos, proporcionou-lhes a oportunidade de pintar e destacou o potencial da arte produzida como um espaço para imaginar-se outra realidade. O crítico Mário Pedrosa, ao observar o quadro de um dos pacientes, o pintor Fernando, comenta: "O menino pobre e rejeitado de outrora senta-se ao piano, em plena sala decorada a seu gosto e dedilha os acordes triunfais da arte sobre um velho sonho desfeito e uma realidade ingrata. Pobre e grande Fernando." (Silveira, 2015, p. 54).

Pobre pela doença mental. Mas, através da arte, torna-se rico por dentro, onde o tesouro é maior ainda, ecoando na clínica do nosso dia a dia que cavouca os mesmos espaços quando utilizamos o conto – a narrativa – de mediador no tratamento de crianças com dificuldades de aprendizagem no município de Canoas: Marina, 7 anos, esteve ausente na última sessão do grupo. Ao ser questionada sobre os motivos da falta, descreveu uma festa de aniversário nababesca, repleta de atrações não compatíveis

---

[53] "A arte é o social no nosso interior.", afirma Vygotsky (2006, p. 304), tradução do autor.

com a situação econômica de sua família. Ao ser acusada de mentirosa, aquela menina, agora banhada de contos, mostrou-se capaz de responder com histórias. Ela contou que não estava mentindo, mas imaginando. Se continuava pobre, enriqueceu subjetivamente graças ao contato com a arte. Tornou-se uma contadora de histórias como o pintor Fernando. E não teria a mesma fonte o que a psicanálise oferece de mais caro? Não é essa a sua maior riqueza?

Psicanálise e arte operam no mesmo campo, empenhadas em dar forma à dor, representar, tornar dizível (Frayze-Pereira, 2004), mesmo se encostem no limite da incomunicabilidade, tema de artistas de linguagens diversas como o cineasta Antonioni e o escritor Beckett. Tornamo-nos mais expressivos como revelou outra de nossas pesquisas, utilizando o conto como mediador junto a crianças separadas de seus pais em Paris e na região parisiense (Gutfreind, 2010b).

J. Kristeva considera sagrada a emergência da representação, e os trabalhos analítico e artístico se mostram mais pródigos em ampliar a pergunta do que em trazer a resposta (Kristeva, 2014). A resposta, se houvesse, deteria a caminhada. Como no poema de Kaváfis (1982) em que a viagem era mais importante do que a chegada em si "Uma bela viagem deu-te Ítaca.".[54] A cura pouco tem a ver com o destino final, e, sim, com a possibilidade de diversificar os recursos do trajeto. Viajar mais: "A força da resiliência provém muito mais da busca de sentido do que do próprio sentido." (Cyrulnik, 2009, p. 170).

Em psicanálise, a representação emerge no contexto de um encontro na transferência do objeto primordial – mãe, pai, cuidadores. Ela oferece as condições necessárias para o desenvolvimento da subjetividade a partir de uma empatia que fomenta a função reflexiva. Coblence (2005) valoriza a aproximação entre estética e empatia, estado corpóreo e afetivo presente na arte e na cura. Lembra-nos aqui o conceito do psicanalista S. Lebovici, *empatia metaforizante*, em que a capacidade empática materna seria a grande propulsora das metáforas (Lebovici, 1998, 2004). Em sintonia, a romancista N. Huston evoca uma *empatia narrativa* e a literatura como capaz de estimulá-la (Huston, 2010). Toda arte pode fomentar empatia, sublimação e imaginação, essenciais à saúde. Como a psicanálise, ela

---

[54] Tradução de José Paulo Paes, p. 119.

permite a representação. A construção simbólica. A cura que nos cabe nesse latifúndio inconsciente.

Há quem destaque o aspecto plástico da expressão neurótica como na histeria, em que o excesso de imagem supera a possibilidade da palavra de dar conta (Coblence, 2005): às vezes, como analista, ao escutar uma história muito triste, eu sinto que não poderia acolhê-la como mim mesmo. Precisaria ser um poeta, um cineasta para transformá-la e imagino que sou. A arte ali me salva como fora dali.

Artistas e analistas estão sempre em busca da palavra ou da imagem que deem conta. De dizer. Fazer sentido e fomentar sentir. Figurar, mecanismo essencial à arte e à análise, é a operação que perscruta uma forma e aproxima o trabalho do paciente e o do artista, ambos empenhados em representar a dor. Arte integra, veste a hostilidade e a contém, conforme veremos tantas vezes com Freud. Para Nietzsche (1954), é a única saída.[55]

A ideia aplica-se à psicanálise e a confunde no melhor dos sentidos com a criação artística, desde que o foco se dirija menos à psicologia do autor do que ao efeito da obra no espectador (ou analisando), conforme veremos na própria evolução do pensamento freudiano: "Pois, se o autor está salvo de qualquer perigo, o amador que é submetido ao efeito de prazer da obra de arte está acessível à investigação analítica [...]" (Ricoeur, 2010a, p. 180). Ao fim e ao cabo, o efeito na vida afetiva e imaginária é o que mais importa e abre portas. Na vida e na clínica.

POESIA, NARRATIVA, CLÍNICA, FICÇÃO

Descontada a poesia do começo, a arte é com frequência narrativa para a psicanálise em nosso trabalho. O conceito de narrativa que utilizamos vem da teoria da literatura, na qual é definida como uma estrutura composta por um número limitado de categorias (Propp, 1928). Destaca-se uma intriga, composta pela ação entre personagens em um determinado tempo e lugar, gerando a mudança de um equilíbrio a outro, embora o momento inicial nunca seja reencontrado de forma idêntica (Propp, 1928; Todorov, 2008; Gutfreind, 2010).

---

[55] Para Nietzsche (apud Vygostky, 2006), só o ritmo pode descarregar a alma de algum excesso.

Sidney e Shelley (2002) dissertaram sobre a relação entre a poesia e a verdade. Eles defenderam a poesia da acusação de ser a mãe das mentiras e a colocaram em um domínio que escaparia à lei da verificação, aproximando-a ainda mais da verdade. Ao ser tão próxima da poesia e da arte, a verdade psíquica não estaria sendo defendida por Freud, séculos depois, de forma análoga? Não buscamos, com as análises, a facilitação de um processo narrativo e a mudança de um estado a outro, do silêncio à palavra, do sintoma à desinibição? Do destino à história para chegar ao símbolo? Poder fazer isso não é mais importante do que chegar a uma suposta verdade?

Ao nos depararmos com o fantasma, temos de lidar com a ficção, o subjetivo e o singular (Kon, 2014b).[56] Não haveria como se afastar de um clima artístico. Herrmann (2002, p. 15) atribui ao ficcional, presente na psicanálise, a possibilidade de escapar ao reducionismo contemporâneo aprisionado na necessidade de provas objetivas: "Ela [a ficção] goza de certa autonomia com respeito ao dever de comprovação, adia-o, pelo menos [...]".

Eficaz adiamento com a análise próxima do estético, do literário, do poético, do ficcional, do narrativo. Paradoxalmente, mais científica. Não parecemos menos literários no momento de analisar. E, quando utilizamos os contos no tratamento de crianças separadas de seus pais, sentimo-nos no esplendor como analista. O que mais fazemos senão tentar integrar? Como pensar a psicanálise sem a arte? Como praticá-la sem a literatura ou a necessidade de resgatar uma prosa com mais sentidos e poesia? Como pensar um psicanalista que não seja um artista na coconstrução de uma obra com o analisando? (Gutfreind, 2010b).

A arte interessa à psicanálise pela sua capacidade de despertar sentimentos, e não seria possível compreender objetivamente os fenômenos de uma ciência voltada ao encontro humano sem um olhar cuidadoso para a subjetividade. Arte e psicanálise, enfim, juntas desde o começo.

NOVOS ACORDES: ENTRE O REDUCIONISMO E A LIBERDADE DE SENTIR

Em meio a tantos afetos, a psicanálise busca uma forma para poder pensar, sentindo seja o que for. Com mais liberdade, independentemente do

---

[56] Em outra obra, a autora escreve: "Creio que a psicanálise necessita apresentar-se – e que efetivamente se apresenta – por via de um 'caráter literário' criador de realidades, ficcional, assumindo uma força que é sua, resistindo ao 'severo selo da ciência'[...]" (Kon, 2003, p. 26).

conteúdo humano. Não são os efeitos da arte e da análise? Não está aí a essência da forma ao mergulhar em uma obra ou uma vida? Sair (por dentro) melhor do que entrou ao ampliar e reunir espaços de sentimento e pensamento?

Freud criticou o comunismo que, em dado momento, se aliou a ele. E criticou os surrealistas que tanto o veneraram. A psicanálise aponta para poder pensar melhor, muito além de uma escolha ideológica sempre presente e discutível. Como uma arte.[57] Ainda que a estética não deva se reduzir ao alcance do olhar psicanalítico, ela parece ir além de outro reducionismo que é a análise puramente ideológica ou política (Fuller, 1983).[58]

H. Zerner (1976, p. 146 e 152) traz observações antológicas a esse respeito, devolvendo o pertencimento da interpretação a cada intérprete:

> A Arte é um mundo em si [...] É possível, no entanto, servir-se do modelo de interpretação sem limitar-se aos conteúdos psicológicos, sem encarar a interpretação como uma decifração da psicologia do artista através das obras, mas como uma exploração dos sentidos possíveis.[59]

A estética é suficientemente complexa para se deixar abarcar pela psicologia em seu afã de compreender e explicar. Não somos frutos de um intelecto, mas de relações afetivas que o moldam e se abrem para uma variedade de verdades possíveis. Thomas Mann (2015), ao pensar sobre o esteta Schopenhauer, lembra que a arte só precisa chegar a resultados emocionais, o que a aproxima da psicanálise, cuja aventura fora dessa busca seria vã e anódina. Não se trata de teoria, mas de um encontro verdadeiro.

A análise ideológica, política, redutora parece vir como uma defesa da dificuldade de apreensão da complexidade humana. Somos limitados, mas alguns momentos fazem mais sentido do que outros. É o caso de Freud como esteta, especialmente quando atrelado ao efeito, aos afetos,

---

[57] "O romance conhece o inconsciente antes de Freud, a luta de classes antes de Marx, ele pratica a fenomenologia (a busca da essência das situações humanas) antes dos fenomenólogos", segundo o escritor Milan Kundera (2016, p. 40).
[58] Ricardo Piglia (2004, p. 51) se refere ao mal-estar dos escritores quando a psicanálise avança em suas obras como um "louco furioso".
[59] As opiniões de diversos estetas convergem com a de Zerner: "A obra de arte consiste precisamente nisto: no *não querer ter outra justificação que a de ser um puro êxito*, uma forma que vive de per si [...]" (Pareyson, 1984, p. 37).

conforme contaremos. Seus limites parecem ligados a uma definição impossível do que é arte, sempre relativizada em função de diversos aspectos, incluindo os históricos.[60] Isso me faz lembrar aquele paciente que disse: "Meu sofrimento está longe de ter diminuído, mas a minha vida está mais bela". Não basta?

Em contraponto, Ferreira Gullar (2002), nos ensaios críticos e na poesia que tanto me arrebatou como poeta, defende a ideia de que mesmo a arte, por mais que tenha leis e mundo próprios, não poderia desatrelar-se completamente de certa ideologia do autor. O paradoxo não valeria para a psicanálise? Cada psicanalista-analisando não inauguram um novo processo? O que importa, no fundo, não é a pessoa deles com as suas possibilidades de expansão a partir de uma interação artesanal?

Pareyson (1984, p. 172), diante do "inexaurível" de uma obra e suas infinitas interpretações, propõe um equilíbrio entre a objetividade e a pessoalidade, embora enfatize: "O intérprete não dispõe de outra via além da sua própria personalidade para ter acesso à obra.". Podemos substituir intérprete e obra por analista e analisando, respectivamente.

Sabemos que há páginas clássicas e outras nem tanto a apontar o reducionismo freudiano. E com bons argumentos. Há mesmo repúdios veementes, por mais que Freud se autoproclamasse prudente e humilde na matéria ou mais interessado no conteúdo do que na forma:[61]

> Um leitor atento dos escritos de Freud deveria, muito pelo contrário, parece-me, ficar intrigado com a modéstia, com os protestos de incompetência, com as confissões de fracasso e, finalmente, com a insistência de Freud em ressaltar os limites da psicanálise aplicada à arte. (Ricoeur, 2010a, p. 169).

---

[60] Optamos por não trabalhar com uma única definição de arte ou estética. Ela varia ao longo do livro, menos interessado em conceitos do que nos efeitos de relações intersubjetivas entre as pessoas. Mas nada é indissociável e, volta e meia, traímos a nossa intenção. Consideramos estética toda teoria que se refira à beleza e à arte (Pareyson, 1984), mas também uma experiência mais ampla do que a artística (Trevisan, 2017a). Freud (1919), em *O estranho*, retira-a das reduções da doutrina do belo para estendê-la às qualidades de nossa sensibilidade. Ocorre-nos a analogia com o termo sexual em sua obra, mais amplo do que a atividade sexual em si. Quanto à arte, optamos por incluí-la na estética, sem as habituais definições históricas e evolutivas.

[61] Ernst Jones, amigo e biógrafo de Freud, também chamou a atenção para o quanto ele se deteve mais no conteúdo do que na forma, o que atribuiu à sua imensa curiosidade e ao predomínio de um impulso científico em relação ao artístico.

Chasseguet-Smirgel (1971), ao refletir sobre as acusações – os estudos sobre Leonardo serão um dos mais criticados –, levanta a hipótese de que Freud estaria ameaçando mais uma ilusão humana. A arte, no caso, é um triunfo sobre a destruição, a violência, a morte. Frayze-Pereira (2001, p. 147) concorda com ela: "É a ilusão mantida.". Como suportar que alguém tente compreender uma obra? Como suportar que alguém tente compreender alguém? Como suportar o acesso a uma realidade, desafio maior da teoria freudiana? Não haveria uma resistência coletiva análoga à resistência individual de toda análise no rumo de possíveis verdades, especialmente quando nuas e cruas ou sem a arte?

Bersani (2011) realça no trabalho freudiano um esforço (estético) em torno da sexualidade, que pode ser um impulso de produzir formas numa espécie de retorno do reprimido através da arte, da cultura, nas confrontações entre o prazer e a história. Abre-se uma reflexão sobre a possibilidade da narratividade ou do potencial narrativo para contar a violência. Ele vê a obra freudiana como um belo e original texto crítico, o primeiro realmente relevante sobre o retorno do indizível e que nos ajuda a localizar bloqueios textuais e fracassos nas representações.

Freud (1924) mostrava-se consciente da resistência às aproximações entre as pulsões primárias e as manifestações mais elevadas da cultura. Nós o acompanhamos com seus críticos no reconhecimento dos inevitáveis limites – a castração –, enquanto buscamos novos pensamentos e sentimentos em cada entrelinha do seu texto.

Chasseguet-Smirgel (1971) alerta para o quanto a descoberta dos processos primários que atingiram uma sublimação não preenche o abismo entre as pulsões e as suas manifestações em termos de criação artística. Não há uma equação entre pulsão primária e forma sublimada, e a autora acrescenta que o estudo da forma em si, através da psicanálise, é mesmo impossível. Meltzer e Williams (1994) referem-se ao caráter inviolável da obra de arte. Situado historicamente, mistério salvaguardado, ilusão imune a qualquer tentativa de desvendamento, é possível que estejamos fazendo um livro impossível, findo o qual, restaria tão somente a arte dele como o que resta de uma psicanálise depois que a verdade inatingível se esgota. Valem a busca, a viagem, essências da cura.

ACORDES QUASE FINAIS: O FIM DO REDUCIONISMO, O COMEÇO SEM FIM DE NOVOS SENTIDOS

No plano pessoal, é difícil saber o que nos move a um livro. Sentimos que, muito além de brincar – escrever como quem brinca, preconiza Freud (1908) –, havia a curiosidade de saber mais a respeito do nosso próprio processo criativo. Aqui entra a minha história como leitor e a lembrança de Freud ter sido tantas vezes atacado por gente bamba como Adorno ou Canetti.[62]

Psicanalistas contemporâneos também criticam uma abordagem explicativa e recomendam que a gente se aproxime de uma obra, implicando-nos bem mais com o nosso inconsciente do que através de um vocabulário conhecido: "[...] o objeto artístico, dada sua essencial singularidade, tem o poder de tornar evidente, mais do que qualquer outro objeto, esse perigo das reduções." (Frayze-Pereira, 2005, p. 78).[63]

Ao se aproximar da arte, a psicanálise não deveria buscar uma explicação geral – ela é reducionista quando o faz –, mas uma nova para cada protagonista que se implica com ela. Não é pret a porter, e, sim, artesanato, como a arte e a análise que aprende com ela. Mais do que com leis gerais, ela conta com a subjetividade dos seus protagonistas no aqui e agora do encontro analítico. Que é artístico. Não está aí a essência de uma análise, coconstrução que abre um campo original a cada dupla – paciente-analista, autor-leitor – no turbilhão de sentimentos?

Para Ferro (2000), a partir dos Baranger, a narratividade são histórias coconstruídas nesse campo entre dois, verdadeira matriz delas. Narrações, como portadoras essenciais de elementos alfa (Bion), podem ser transformadoras, e Tolstói é companhia ilustre para eles: "Um artista se for um artista verdadeiro, transmitiu a outros, em sua obra, o sentimento que vivenciou: o que há para explicar aí?" (Tolstói, 2016, p. 126).

---

[62] Lucian Freud, seu neto e pintor de sucesso, apesar das boas relações que teve quando pequeno com o avô, tornou-se avesso à psicanálise e afirmava que ela poderia paralisar a atividade criativa. Admirava bem mais as pesquisas de Freud como neurologista (apud Greig, 2013).

[63] Frayze-Pereira retoma a expressão "psicanálise implicada", de Alain Grosrichard, conforme utilizamos. Tania Rivera (2002) utiliza a expressão "interpenetrativa" em detrimento de "interpretativa". Chasseguet-Smirgel (1971) afirma que a contribuição maior da arte à psicanálise dá-se com a leitura e a implicação com as obras, bem mais do que no estudo da vida do artista. Starobinski (1976) enfatiza a importância da singularidade do objeto artístico. Ainda que o crítico valorize a energia interrogativa do leitor, alerta para o cuidado durante as interpretações a fim de minimizar as fantasias do intérprete.

A arte colabora com uma análise menos explicativa. Para Green (1994, p. 18), um texto só poderia conversar com outro texto, dificilmente analisável fora desse contexto. Em seus estudos sobre antropologia e literatura – a sua psicanálise aplicada, predominante em sua obra –, propõe que se estabeleçam as relações com o inconsciente como guia. Ele cunha o apropriado termo "leitura flutuante", aproximando as duas atividades: "O analista transforma-se então no analisado do texto. [...] a resposta deve ser encontrada nele mesmo, já que, no caso do texto literário, ele só pode contar com suas próprias associações".[64]

Ricoeur (2010a, p. 204) reflete na mesma direção: "A análise do texto deveria então restringir-se à fronteira do texto [...]". Kon (2001, p. 47), em sintonia com eles, aponta uma psicanálise contemporânea que aborda a estética de forma menos interessada no desvendamento de leis gerais e mais no próprio gesto inédito de criação, menos centrada no conteúdo para permanecer enquanto forma: "A própria noção de inconsciente é transformada: ele não é sentido ocultado, é, antes, uma forma de criação de sentidos".

Ao ter como objetivo principal abrir-se (Eco), ao mais implicar-se do que explicar (Ciccone, 2007), a psicanálise, de braços dados com a estética, afasta-se da essência inicial ainda hoje atribuída a ela para ficar mais próxima da poesia. Evoca as máximas de Nietzsche e Freud de que no fundo só a arte salva. Na vida e na análise.

Talvez esteja aqui a contribuição original de nosso livro – pretensão de artista? –, já que psicanalistas e críticos contemporâneos vêm priorizando uma abordagem voltada à abertura da psicanálise em direção à arte enquanto nós, embalados por eles, tentamos uma viagem no sentido contrário, atentos ao que a arte aplicada à psicanálise pode contribuir com o arejamento da sessão analítica, presente na prosa do livro inteiro, culminando na de seu posfácio e suas poéticas entrelinhas. É notória a contribuição da estética para a metapsicologia freudiana, mas menos se fala sobre os aportes que pode trazer à clínica em si.

UM SENTIDO PESSOAL POSSÍVEL: A CLÍNICA EM SI

Ocorre-me uma vinheta de caráter pessoal ou prosa de reminiscência poética: Minha mãe é humana e tem defeitos. A experiência de ter po-

---

[64] Em itálico no original.

dido falar deles – analisar-me com arte – deve ter ajudado a me tornar um psicanalista. Certa vez, quando eu era pequeno, perdi meu álbum de figurinhas que estava quase completo. Era a primeira vez que eu completaria um álbum e também que o perdia. Eu me desesperei, e minha mãe tentou falar comigo, mas não adiantou.

Os dias seguintes não amenizaram o desespero quando as buscas continuaram sem resultado e se desfazia a esperança de encontrar. O álbum não seria encontrado nunca mais, porém minha mãe me trouxe um livro. Não sei até hoje qual o nome dele, tampouco o de seu autor, mas jamais esqueci a trama e a música. Simples e complexa, o João de Barro tinha o ninho avariado pela chuva e pelo vento. Em vez de se desesperar, ele o reconstruía, cantando e tornando a razão principal do seu destino aquela permanente e melódica reconstrução.

A história salvou o momento difícil e, depois, a minha vida. Com a metáfora apropriada e a melodia[65] entoada pela mãe, fez de mim um sujeito persistente que "aprendeu a viver" – ganhar, encontrar, perder, reencontrar –, conforme a expressão de Paulo Hecker Filho,[66] um de meus pais adotivos.

Há evidências de que o banho de sons no começo da vida (arte) é precursor da saúde mental de artistas específicos e viventes em geral (Konicheckis, 2005). A experiência de ter ouvido o relato deve ter ajudado a me tornar um escritor, menos por explicar esse destino do que por ter me convencido de que implicar-se com histórias é a forma mais profunda de "aprender a viver".

ACORDES FINAIS: IMPLICAR-SE, NOMEAR A VIOLÊNCIA ARCAICA, SENTIR E CONTAR NOVAS VERSÕES NO COLO DA METÁFORA

O sentimento da vinheta reencontra uma ensaísta da estética que se preocupou com o reducionismo e chamou sugestivamente um de seus livros de *Contra a interpretação*: "O que importa agora é recuperarmos

---

[65] Eu, que invento com as palavras, ainda hoje me espanto com quem inventa melodias. Só uma vez inventei uma: foi quando a minha filha era bebê e eu a levava para passear no carrinho. Havia uma letra bastante singela (Vamos passear/vamos passear/passeia passeia/passeia por aqui/passeia/passeia/passeia por ali), mas uma melodia que eu jamais tinha ouvido.
[66] Expressão oral não publicada.

nossos sentidos. Devemos aprender a *ver*[67] mais, *ouvir* mais, *sentir* mais [...]" (Sontag, 1987, p. 23).

As noções remetem-nos à violência de toda teoria diante de sua prática (Aulagnier, 1979)[68] e à prática de um psicanalista da infância no atendimento aos bebês e suas famílias ao propor – ideia recorrente em nosso livro – que estejamos mais propensos a nos implicar com eles do que a explicá-los (Ciccone, 2007). Aqui a arte se mostra fundamental no trabalho do analista. A noção (científica) evoca-nos o bordão de um conhecido apresentador da televisão brasileira, dotado de muita capacidade de comunicação e integração de artistas populares e eruditos. Chacrinha, "o velho guerreiro", costumava repetir de forma bioniana: "Eu estou aqui para confundir, eu não estou aqui para explicar.".

Talvez a arte possa aplacar a ânsia de um psicanalista pela cura e a verdade e proporcionar mais liberdade de sentir, fruir e investigar a vida com seus infinitos sentidos. A cura possível: suportar o não saber, o transitório, o relativo até poder cantar mais, dizer mais, sentir mais:[69] "Artista é aquele para quem o meio e o fim da existência é plasmar seu próprio sentido." (Schlegel, 1994, p. 113). Podemos substituir artista por analisando sem perdermos a riqueza do sentido. Avulta a ideia de que encontrar-criar é mais importante do que decifrar algum enigma ou verdade. Pode estar aí o maior ensinamento da arte à psicanálise: tentar abrir-se a infinitas tópicas ou possibilidades, incluindo o novo ângulo de uma história como evolui o pensamento de Freud.

Há ecos disso em outro autor que teve dupla filiação – literatura e psicanálise –, Cyro Martins (1970, p. 12):

> Os que ainda hoje combatem, através da omissão ou da ironia, a aplicação da psicanálise como instrumento de pesquisa do sentido profundo de obras literárias, pretextando que invariavelmente os analistas ressaltam no núcleo da obra em estudo a presença do Complexo de Édipo, quando

---

[67] Em itálico no original, bem como os que se seguem na citação.
[68] *A violência da interpretação* é o título de P. Aulagnier em sintonia com o pensamento de importantes teóricos da arte: "Não é verdade que toda interpretação é uma violência?" (Zerner, 1976, p. 154).
[69] Meltzer e Williams (1994) defendem a ideia de que caberia ao crítico literário poder pensar mais com o livro e não a respeito do livro, mais comprometido com o processo do que com a interpretação.

não o fazem por racionalização, nos estão alertando, a nós analistas, contra o perigo das interpretações estereotipadas, empobrecedoras do trabalho intelectual, científico ou crítico, na acepção literária do termo.

Psicanalistas contemporâneos situam a criatividade no plano arcaico junto às pulsões pré-genitais e à bissexualidade. Criar evoca paradoxalmente o dúbio e a violência (McDougall et al., 2008). Toda análise bem-sucedida, seja lá o que isso signifique, fará com que, a certa altura, analista e analisando encontrem a "besta-fera" de uma criança bissexual, abandonada, desamparada. Ou de duas, porque a do psicanalista entra em cena. Nessa hora, convêm alguma arte e muita metáfora para não cutucar a onça com a vara curta, segundo a expressão freudiana (Freud, 1921).

O poeta Ricardo Silvestrin (2013, p. 69) brinca com a ideia através do verso *Palavra não é coisa que se diga* e nos leva a pensar no paradoxo analítico entre apostar as fichas no dizer (a palavra), mas precisar fazê-lo com um cuidado artístico que evoca até mesmo o não dizer (o silêncio). Às vezes, é preciso tratar entre parênteses.[70]

Avançando ou retornando, sempre encontraremos ecos da arte nos textos freudianos, incluindo os "não aplicados". Nos *Estudos sobre a histeria*, ele já se espantava com o seu trabalho ao dar-se conta de que as histórias clínicas pareciam mais descrições literárias do que excertos científicos (Freud; Breuer, 1893). Psicanalistas contemporâneos refletem sobre a escrita freudiana, aproximando-a de uma especificidade que evoca em muito a criação artística (Ogden, 2010; Horenstein, 2012; Vilete, 2013; Birman, 2014). A forma não seria intencional, e, sim, necessária para chegar ao objeto de estudo – a histeria –, do qual a ciência da época, a medicina, já não dava conta. Freud percebeu que, para acolher uma dor há séculos não ouvida e abafada, seria preciso ouvir atentamente a fim de tecer uma narrativa da memória através de um movimento mais próprio do poeta e do ficcionista do que do cientista. É o que expressa boa parte de sua prosa científica.

Como conceber a psicanálise sem a arte? Sem que seja pictórica, narrativa, melódica, esculpida, pouco importa o meio e os recursos para

---

[70] O esteta Schlegel (1994, p. 83) considera um "pecado original das naturezas analíticas" dizer coisas que não seria preciso dizer.

contar uma história... Arte e psicanálise andam meio em baixa, mas a nossa necessidade delas se mantém em riste. Sempre foi preciso contar e ouvir para ser, o que as faz ainda mais necessárias em tempos de identidades liquefeitas.

Apesar de uma repetida aproximação entre neurose e artista, Freud parecia dar-se conta – a hipótese é nossa – de que, sem a criação artística, não se poderia lidar com a vida psíquica. Não seria possível contar nem ouvir. Ou seja, ser. Tais aproximações não cessam ao longo de toda a sua obra. Pontalis e Mango (2014) ressaltam que as relações entre as duas não visam descobrir a neurose do criador, mas aproximar os modelos do processo de criação artística e de constituição da neurose. Com o foco nas pontes entre arte e psicanálise, pode-se até mesmo relançar certo paradigma da análise, menos interessada na descoberta da neurose do analisando e mais em conhecer as suas possibilidades criativas. Não importa que haja sintomas, desde que se mantenha a capacidade de criar.

Este livro não tem a pretensão de defender o Freud esteta, que soube, ele mesmo, reconhecer os limites científicos de sua artística ciência. Muitas de suas ideias fazem sentido para a arte e a clínica. Longe da completude e sob a sombra da castração, trazemos algumas delas, em especial quando ecoam em minha vida de artista ou clínico. Impregnado por um clima estético, priorizei o contato direto com a sua obra. O livro é menos feito por um acadêmico do que por um esteta, como somos todos desde o primeiro olhar materno. Se a atitude prejudicou a abertura de eventuais caminhos científicos, espero que o foco na minha relação como leitor e artista, independentemente do tamanho, possa proporcionar uma visão pessoal, subjetiva e aberta.

Lembro-me novamente de *A interpretação dos sonhos*, quando Freud (1900) se refere à sobredeterminação de significados e evoca outra aproximação entre arte e psicanálise na capacidade em comum de proporcionar a abertura em detrimento de um determinismo psicológico oriundo do narcisismo parental ou aquilo a que Lebovici (1998) se refere como um mandato transgeracional, destino fechado imposto pelos pais e não uma história livre, própria, autoral. Arte e psicanálise concedem liberdade para viver e contar. Aqui, tentamos a nossa.

A contribuição artística à psicanálise vai além de uma referência aos eixos ou carros-chefes como Édipo, sonhos, chistes, etc. Na medida em que se apresenta como uma teoria para a vida mental e a personalidade, com uma aplicabilidade terapêutica, ela já não poderia ser moldada como ciência pura e dura. Banhar-se de arte na clínica contribui para fazê-la mais verdadeira. Na mesma batida, para concluir a nossa introdução, ocorre-nos outra aproximação. Se nós somos feitos de uma identidade narrativa (Ricoeur, 2010b) e nos estruturamos através de trama, intriga, relato,[71] poesia, o efeito fundamental de uma análise, essa história em que o analista entra como personagem, pode ser encontrar a melhor versão possível: "Já vimos isso com Freud e Dora. Ele pegou sua história e lhe deu uma nova trama: uma trama freudiana: e parte dessa trama é que ela é boa para você [...]" (Hillman, 2010, p. 32 e 38).

O livro guarda ainda outro propósito. Nascido em um seminário de formação de analistas, à sombra de uma vida dupla de artista e clínico, ele tenta reivindicar a importância, na formação de quem trata, de tratar-se antes com a arte. Se Freud não o tivesse feito fartamente, não teria escrito a sua ciência.

A experiência pessoal como escritor, fazendo-o da minha forma e de acordo com os meus limites, já vinha sendo aplicada. Ao descrever a experiência com crianças abrigadas, utilizei o conto como mediador. Abordei a parentalidade através de filmes, canções, obras literárias, e, quando tentei um diálogo mais direto com a obra de Freud, ao revisitar *O pequeno Hans*, priorizei a camada narrativa, ficcional (Gutfreind, 2008, 2010b). Já conformado de não chegar ao patamar de Freud no conteúdo, penso que preservei a necessidade de uma clínica alimentada pela forma indireta, metafórica, mediada pela poesia e a prosa. Literária. Aplicada, enfim.

A arte e a criatividade, fundamentais para a vida psíquica, despertam a pretensão de que o livro interesse um público abrangente de profissionais da área da saúde e da educação. A criação artística surge não apenas como fonte da cultura que construiu a psicanálise, mas como forma de salvaguardar uma verdade e um sofrimento humanos que são subjetivos, originais e únicos, em que pesem tentativas reducionistas de uma ciência que os tentasse sistematizar: "As realidades psicológicas e as da arte vivem em níveis distintos de significação: Freud nos oferece uma chave para entender Édipo, mas a tragédia grega não se reduz às explicações da psicanálise." (Paz, 2014, p. 37).

---

[71] Para Cyrulnik (2009), estudioso da resiliência, a representação de si mesmo consegue compor a nossa identidade tão somente mediante um relato partilhado com o entorno.

Nosso livro, situado em um ponto indeterminado entre a ciência e a arte, pode ser os dois ao mesmo tempo. Uma sucessão de perguntas sem resposta. Exploratório, especulativo, provisório (mesmo sendo livro), ele não desiste de dizer com arte a arte que busca em seu conteúdo. E acalenta o sonho de que pelo menos um pouco de toda essa aventura estética possa permanecer por algum tempo antes que se reclame mais arte e mais análise. Intermináveis.

FREUD,
O ESTETA, EM ONZE
FRAGMENTOS

1
PERSONAGENS PSICOPÁTICOS NO PALCO (1906)

> Macbeth: – Curai-a! Não podeis acalmar um espírito doente, arrancar-lhe da memória os pesares arraigados, apagar as angústias gravadas no cérebro e, com um doce antídoto que faça esquecer, aliviar o peito oprimido do peso perigoso que comprime o coração?
> Médico: – É preciso que o doente seja seu próprio médico.
>
> William Shakespeare

Personagens psicopáticos no palco é um texto curto, mas bastante útil para as nossas reflexões: "Contém, em seis páginas, um número considerável de ideias profundas que mereceriam ser mais amplamente desenvolvidas [...]".[1] De certa forma, tentamos desenvolvê-las. Escrito provavelmente

---

[1] Jones, apud Regnault, 2001, p. 145.

em 1906, Freud não o publicou em vida. Pela data, torna-se pioneiro na abordagem da estética entre os demais que escolhemos. O trabalho foca o drama e o teatro, como *A interpretação dos sonhos*, que o precedeu, e textos posteriores, como *Alguns tipos de caráter elucidados pela psicanálise*, em que Freud aborda a bissexualidade a partir de Macbeth (Freud, 1900, 1916a).

A importância da estrutura e do conteúdo dos dramas escritos para os realmente vividos é fundamental. Freud abre sua reflexão com a poética de Aristóteles e deixa clara a intenção de abordar a estética. Depois, circula por ideias que vão da arte em si ao efeito que ela provoca no espectador. Efeito e catarse ocupam um lugar central. Ele relembra a noção aristotélica de que o drama consiste em despertar terror e comiseração. Desde o começo, avultam frases significativas:

> Para tal finalidade, o fator primordial é, indubitavelmente, o *desabafo*[2] dos afetos do espectador; o gozo daí resultante corresponde, de um lado, ao alívio proporcionado por uma descarga ampla, e de outro, sem dúvida, à excitação sexual concomitante [...] Ser espectador participante do jogo dramático significa, para o adulto, o que representa o brincar para a criança, que assim gratifica suas expectativas hesitantes de se igualar aos adultos. (Freud, 1906, p. 292).

Com menções à catarse e ao efeito da arte, o parágrafo retoma noções importantes do pensamento estético freudiano: a noção de descarga – a ab-reação que une a catarse aristotélica às ideias de Freud e Breuer – e de representação dos afetos proporcionadas pela arte. Há a aproximação com a brincadeira infantil, como veremos no texto sobre criação literária e devaneios, publicado dois anos depois.

A importância do disfarce, presente nas várias formas de arte, aparece em cada linha e entrelinha de Freud, legitimada por poetas: "E que coisa é a poesía senão um fingimento de coisas úteis, *cobertas e veladas (com mui) velada cobertura?*"[3] (Marquês de Santillana apud Berenger Carísomo, 1987, p. 45). A sensação de gozo e triunfo que a arte oferece em relação aos conflitos tem a ver com esse disfarce, fingimento ou cobertura e a

---

[2] Em itálico no original.
[3] Tradução do autor.

possibilidade de uma ilusão proporcionada pela vida ao ser representada. Uma satisfação momentânea, como assinala Freud. E muito necessária, permitimo-nos acrescentar. Estamos diante do importante arsenal oferecido pela criação artística dentro e fora das sessões: desabafo, descarga, brincadeira. E elaboração, conforme a vinheta: Inês tinha 6 anos e vivia num abrigo da região parisiense. A ASE, ou "Ajuda Social à Infância", a separou judicialmente da mãe que a negligenciava e do padrasto que batia nela. Ao ouvir a história *O patinho feio*, escolhida como a sua predileta, repetia: "Como ele é triste, como ele é triste!".

Inês, como outras crianças do abrigo, utilizava a segurança da arte e o distanciamento oferecido pela metáfora para desabafar um sentimento que também lhe pertencia. Ela o fazia para brincar com ele e, fora dessa brincadeira, não conseguia fazer. Da experiência, obtinha prazer e saía mais integrada, com menos insônia e inibição. Entrava nela para brincar e saía brincando mais ainda. O resultado era o declínio de certos afetos depressivos que precisava elaborar para relançar-se à vida. A catarse constituía o começo do efeito essencial da arte literária sobre ela, espécie de prenúncio da simbolização que a sucedia. Inês começou a desenhar patinhos feios e a compor histórias para eles. Com o tempo, os relatos foram ganhando um final feliz.

Freud assinala a necessidade de que o drama ponha em cena uma ação que engendre o sofrimento. É como se dissesse que é preciso experimentar o sentimento, senão na vida, na arte. Ele chama a atenção para a importância de expressar o conflito, base de toda narrativa. E de toda análise, que é narrativa. Em seguida, faz uma classificação dos gêneros de drama, dividindo-os em religioso, social e de caracteres. Depois de mencionar a poesia lírica, classifica a produção dramática. A sua intenção é chegar ao drama psicológico moderno, incluindo o que chama de psicopatológico nas relações entre a obra e o espectador neurótico.[4]

Freud retoma Hamlet, uma de suas tragédias preferidas, e sugere que a habilidade de Shakespeare está em historiar a psicopatia para nos identificarmos com ela em muitos aspectos. Na vida, é preciso identificar-se. A partir de Freud, a arte aparece como um facilitador, especialmente diante das lacunas. Às vezes, a identificação ocorre artisticamente como

---

[4] Lembramo-nos aqui de Georges Politzer (1998), para quem a possibilidade de relato do drama está no centro da análise e se constitui no carro-chefe das descobertas de Freud.

uma prótese (Lafforgue, 1995), algo frequente com as crianças separadas de seus pais, com quem utilizamos o conto na França.

Não retomamos detalhes do texto, senão para dizer que, no contexto das tragédias amorosas, há a renúncia de um afeto (recalcado), ideia recorrente na obra freudiana. Arte e análise tentam resgatá-lo, historiando. Isso é ainda o que mais tentam. E nos ocorre a pergunta: na vida em si, o que leva alguém a um analista não são questões amorosas com traumas, recalques, inibições?

Enfatizamos um ponto que começa no final da frase: "Em *Hamlet*,[5] de fato, o conflito está tão oculto que coube a mim desvendá-lo." (Freud, 1906, p. 296). Para ele, aqui está a habilidade de Shakespeare, artista capaz de oferecer serventia a seus personagens no palco. E avança:

> De fato, não podemos penetrar no conflito do neurótico quando este já o traz plenamente firmado dentro de si. Inversamente, quando reconhecemos esse conflito, esquecemos que se trata de um doente, da mesma forma que ele, ao tomar conhecimento de seu conflito, deixa de ser doente. A tarefa do autor seria colocar-nos nessa mesma doença, e a melhor maneira de consegui-lo é fazer com que sigamos o curso de seu desenvolvimento junto com aquele que adoece. (Freud, 1906, p. 296).

Há um mundo de reflexões estéticas e analíticas no parágrafo. Freud sugere que a habilidade técnica do escritor está em estruturar uma história e historiar o conflito. Ou o que recalcamos e oferecemos resistência de conhecer. É o que nos permite uma identificação com a personagem a fim de poder reconhecer sem pânico a natureza do conflito e brincar com ele. Elaborá-lo. Ponderamos que vale o mesmo para o trabalho do analista, aquele que só pode colaborar com o seu paciente à medida que extrai do conflito estático e transversal uma história viva, dinâmica, longitudinal, para mergulhar nela, o que, em termos analíticos, é o processo e a cura.

Freud se mostra aristotélico, mas a sua noção de catarse é peculiar, original. Para o mestre grego, catarse supunha atenuação, enquanto para o conjunto da obra do psicanalista significa uma excitação no contato com

---

[5] Em itálico no original.

a arte. A arte da análise, em que algo se atenua no instinto representado, mas a experiência não deixa de evocar certa excitação.[6] Um alívio através da forma, algo paradoxal, uma vez que abre novas indagações, conteúdos e alguma angústia (Regnault, 2001). É preciso uma pitada shakespeariana em nosso trabalho diário. Tomar a contramão de uma medicina cada vez mais interessada em abafar angústias e calar os dramas. É preciso ouvir, contornar, desviar, ir pelas beiradas. Metaforizar. Representar. Expandir. Ao lidarmos com relatos e personagens, somos também dramaturgos.

A análise não é um método sedativo e, por vezes, provoca angústias.[7] Ela se opõe à medicina tradicional, que Freud exerceu no começo. Ele reitera que o fato de ser outro que sofre no palco, e isso não passar de um jogo, oferece segurança pessoal para o espectador através do disfarce, espécie de cantilena repetida ao longo do nosso livro. Diversos autores apontam a importância da distância existente entre a metáfora, a história narrada e os conflitos instintivos de narrador, artista ou público: "A relação mostrar-ocultar essencial à ideia da 'realização disfarçada de um desejo recalcado' é uma consequência dessa relação de substituição pela qual 'o mesmo' sentido nos é conservado no 'outro' sentido." (Ricoeur, 2010a, p. 183).

Didier Anzieu (1994) construiu a noção de ego-pele e defendeu o papel fundamental do símbolo para esse construto protetor. Ernst Kris (1968, p. 37), psicanalista que estudou a arte profundamente, escreveu:

> O tema do conto de fada foi, na maior parte das vezes, escolhido pela criança pelo fato de ser menos perigoso e proibido; não era um resultado de sua própria imaginação, mas um modelo de suas emoções oferecido a ela com o consentimento dos adultos.

---

[6] Para Ricoeur (2010b), a catarse pode ser considerada uma modalidade de aprendizagem a partir de uma agitação da consciência com efeitos cognitivos e éticos, além de mera descarga. Vygotsky (2006), em sua *Psicologia da arte*, também amplia o conceito de catarse para além de uma simples descarga nervosa, capaz de chegar a um verdadeiro equilíbrio entre o organismo e o entorno. Ele evoca o poder das canções de aliviar a vida dura dos trabalhadores desde os povos da Antiguidade. O autor enfatiza o efeito catártico da arte ao dar vida a energias poderosas que estavam inibidas.

[7] Importante recordar que, para Melanie Klein (1930), as angústias são fundamentais na formação do símbolo.

A importância clínica disso é enorme, e a obra de Freud situa a cultura e a arte – a possibilidade de abstrair – nessa área intermediária da mente ou da alma (Delouya, 2016). O recurso permite lidar melhor com as resistências, desafio constante de uma análise encenada sempre no limite ou à beira de uma reação terapêutica negativa e uma interrupção (Freud, 1923a).

Assim foi com Inês, capaz de angustiar-se com o patinho feio a partir de uma história (drama e metáfora) para elaborar a própria angústia pela parte feia de sua vida. A partir de Regnault, que pensou a partir de Freud, que pensou a partir de Aristóteles, vemos o quanto as experiências analítica e estética se aproximam. Impregnar-se de arte ou de análise tem a via dupla de atenuar ansiedades inibidoras da expansão do patamar de vivência, mesmo ao preço de agregar novas dores. É como uma mediação, um distanciar-se para aproximar-se mais ainda, um passo atrás para dois à frente, até poder lidar melhor com a realidade que é inevitavelmente sofrida.

Maria, uma jovem adulta, chega à sessão com um sentimento de culpa por estar alegre com a notícia da doença grave contraída pela mãe de uma amiga. A análise do sentimento aponta um deslocamento interessante. Maria parece realizar uma catarse de seus sentimentos com a própria mãe, que tanto a maltratou. É como um triunfo através de uma "vingança" ao imaginar com a mãe da amiga o que não pôde com a sua. A compreensão a alivia, mas ainda parece faltar capacidade estética para viver os sentimentos através da arte e de seus personagens dramáticos. A análise, mediante a transferência, tentará preencher a lacuna.

O texto de Freud finaliza com aquilo que o havia estimulado, uma crítica à *Die Andere*, peça de Herman Bahr, encenada à época em Viena. Ele valoriza a importância da *atenção flutuante* no processo de resgatar o que está oculto e provavelmente desencadeou as suas páginas, essas que seguem vivas em nossas cenas presentes. Se o trabalho é curto, dá conta de pinçar aspectos essenciais da relação entre arte e psicanálise – catarse, efeito – para ecoar a cada situação clínica enriquecida por alguma referência literária como na breve prosa que agora nos ocorre.

Temas essenciais estão presentes nas obras e na vida das pessoas. O da alma, por exemplo. Ou do pacto da alma com o diabo a ponto de vendê-la, como em Dostoievski, o dramático, e em Goethe, o dramaturgo. E como está presente fora das páginas, dentro da clínica cotidiana! Toda criança está mergulhada no paradoxo desde os primórdios de sua relação com os pais. Que, idealmente, formam e estimulam almas autônomas sem pacto com Mefisto, livres para levarem seus corpos aonde quiserem. Para isso, são ensinadas desde cedo a protegerem corpo, alma, liberdade, essa turma que não pode existir e soltar-se sem algum enquadre.

Na prática, não é bem assim. Fantasmas, histórias não narradas, metáforas não atingidas, almas emprestadas e vendidas nas gerações precedentes e que não puderam ser depuradas por alguma arte, chegam como modelo compulsivo aos pais. De forma inconsciente, levam-nos adiante repetidamente e vão pactuar com as almas nascentes de seus filhos. O resultado é um imbróglio partido com uma parte de alma liberta e outra vendida ao diabo da neurose dos pais. Uma análise é conhecer cada uma dessas partes, e era o que fazia Antônia. Dava-se conta de que estar em Porto Alegre para uma formação especializada era fruto de uma liberdade adquirida, conquista natural na relação com os pais. Isso a fazia dormir, tornava-a satisfeita ao acordar e lhe dava a sensação maravilhosa de pertencimento a um lugar, por menos tempo que estivesse nele. O lugar, afinal, era dentro. Mas também havia insônia e angústia que mostravam uma ligação marcada por um sentimento de culpa de não estar em sua cidade-natal para assumir os negócios da família e desfrutar de uma condição melhor de vida com direito a carro mais caro, apartamento maior e mais viagens. Isso lhe dava uma sensação ruim nas noites mal dormidas, aquelas de despertar sentindo-se na hora e no lugar errados.

À medida que uma sensação e outra iam alcançando palavras e as palavras construíam cenas, elas apontavam para onde seus pais conseguiram – e onde não – estimular a liberdade de sua alma. Então, a primeira e melhor sensação começava a preponderar, e a segunda, que jamais despareceu, era agora capaz de dar algumas tréguas. Durante os descansos da alma, outras e melhores sensações surgiram. Um dia, Antônia contou que sentiu saudades dos pais pela primeira vez depois de adulta. A nova angústia confundia-se com mais liberdade e vínculo, ambos suscitados pela arte narrativa e dramática da psicanálise, que vinha sendo capaz de criar um palco para que ela pusesse em cena e em palavras todas as suas personagens.[8] Fazia-o no que contava e no imbróglio vivido com o seu analista, que, na transferência, encenava vários tipos de caráter.

---

[8] "A criação do eu é uma arte narrativa [...]" (Bruner, 2013, p. 94), tradução do autor.

Certa vez, Antônia disse que não via mais mistério nas buscas, e contrapus que de minha parte ainda via muito. Ela desejou saber qual, e eu enfileirei uma série de perguntas que me habitavam: por que razão relaxava em sua preparação profissional, por que motivos ainda não tinha encontrado um amor mais duradouro e assim por diante. Ela se espantou com o meu espanto, que pareceu lhe contagiar com curiosidade e mistério e tudo o que faz parte de uma boa arte dramática como o teatro, a psicanálise. E a vida. Às vezes, era isso o que a sua análise lhe oferecia. E não parecia pouco.

2
GRADIVA (1907) – ENTRE O SONHO E A ARTE: UM ESTUDO DE CASO LITERÁRIO

> Sartre, acho eu, disse certa vez: "O que significa a literatura diante da morte de uma criança?" Mas o que significa a vida de uma criança num mundo sem literatura?
>
> André Green

Delírios e sonhos na Gradiva de Jensen é a primeira análise de uma obra literária feita por Freud, se não contarmos as reflexões sobre *Édipo rei* e *Hamlet*, de *A interpretação dos sonhos*. Ou os estudos sobre os chistes, considerados pelo próprio Freud as primeiras aproximações com a estética.[1] Antes ainda, tem as cartas ao amigo Fliess[2] e à noiva Martha (Freud, 2015b).[3]

---

[1] Em *A história do movimento psicanalítico* (Freud, 1914b).
[2] Carta 91, de 1898, com um pequeno estudo sobre *O magistrado*, de Conrad Ferdinand-Meyer ou o Manuscrito N sobre Goethe e as relações entre poesia e delírio (Freud, 1897).
[3] Como contamos anteriormente, é difícil precisar a origem quando se trata de Freud e arte.

O texto foi publicado originalmente na coletânea *Monografias de psicanálise aplicada*, para ensaios de Freud, novos discípulos e intelectuais de artes ou humanidades (Kon, 2014a). Escrito para Jung no idílio da amizade, o trabalho se divide em três partes. Na primeira, Freud retoma a trama original do romance do escritor dinamarquês com o foco nas noções de sonho e recalcamento, tema principal do ensaio e do livro que o inspira.

Pompeia, o cenário principal da história, é uma metáfora. A cidade soterrada em 79 d.C. torna-se o símbolo dos arcaísmos que uma arte é capaz de resgatar. Como uma análise, daí porque o texto seja cabal para o nosso estudo. Trata-se do primeiro trabalho freudiano em que uma obra de arte se torna objeto de investigação. Como um psicanalista da obra literária, Freud é leitor de Jensen e somos, *à la* Ogden (2014),[4] leitores de Freud para buscar traços da hipótese de que ele foi um teórico da arte. Isso nos importa mais do que a prática do romance, do qual resgatamos tão somente partes expressivas para o nosso objetivo.

Freud abre o trabalho com a menção aos escritores imaginativos, a quem designa criadores de sonhos, e lança a primeira aproximação com a arte. Em seguida, retoma a ideia do sonho como um processo não arbitrário e mais do que fisiológico. Ele se vale de frases antológicas como aquela em que se refere a si mesmo em terceira pessoa: "O autor de *A interpretação dos sonhos* ousou, apesar das reprovações da ciência estrita, colocar-se ao lado da superstição e da Antiguidade." (Freud, 1907, p. 19). Ao lado da subjetividade, acrescentamos. Gradiva é uma revisão profunda de *A interpretação dos sonhos*, publicada sete anos antes. Incluímos a frase em nossa antologia freudiana sobre a estética, pela sugestão de que a ciência do autor é flexível, afasta-se do fenômeno exclusivamente fisiológico, aterrissa no universo estético, aproxima-se da arte. E transcende.

Freud coloca-se ao lado dos escritores, dos mais antigos e da superstição popular. O terreno é mesmo subjetivo, ainda que seja ciência. Com todas as ressalvas à incapacidade de autores preverem o futuro, Freud estende a sua teoria a outras práticas, incluindo a arte. É pura psicanálise aplicada. Ele expande o pensamento como um artista. Ou cientista. A certa altura, parece esperar mais daquele do que deste: uma ciência objetiva não daria conta de quem somos. Se nos restam algumas dúvidas sobre as

---

[4] Os textos vão assumindo a forma de seus leitores, conforme uma estética da recepção (Goldman, apud Anzieu, 1997).

intenções estéticas de Freud, as mesmas desaparecem diante da afirmação: "Mesmo que essa investigação nada de novo nos ensine sobre a natureza dos sonhos, talvez permita-nos obter alguma compreensão interna, ainda que tênue, da natureza literária." (Freud, 1907, p. 20). Como um teórico, ele está interessado em compreender o fenômeno literário. Desvela o seu método como um verdadeiro estudo de caso e, diverso de si mesmo, está mais de olho na forma do que no conteúdo.

Adorno (2012, p. 154) critica certa ingenuidade em análises como a de Freud, quando exalta o esteta Valéry e lança o debate:

> O mediano e empático "entendido em arte", o homem de gosto, corre o risco, pelo menos hoje e provavelmente desde sempre, de não alcançar as obras de arte, na medida em que as degrada à projeção de sua contingência, em vez de submeter-se à sua disciplina objetiva.

O mesmo Adorno (2012, p. 155) relativiza as noções do intrínseco e da arte em si ao expressar que "[...] o homem como um todo, e toda a humanidade, estão presentes em cada expressão artística e em cada conhecimento científico.". Verdadeiro paradoxo, e o filósofo prioriza o encanto da arte em detrimento das explicações da ciência. Esse encanto é o que Freud mais busca. Como seus leitores, não retomaremos passo a passo a trama da novela que lê para nós, senão os trechos em que, à nossa própria leitura, revela-se um esteta apesar dos limites apontados de forma geral por Adorno e, de forma mais específica, por tantos outros como Ernst Kris (1968).

Remetemos o leitor a um cotejo com o original da ficção a fim de (re)fazer a sua própria rota artístico-científica. Freud recomendara o mesmo, não sem antes fazer uma confissão: "Para os que já leram *Gradiva*, farei um breve resumo de sua história, esperando que suas memórias lhe restituam todo o encanto que ela perderá com este tratamento." (Freud, 1907, p. 21). Ele aqui se mostra capaz de uma autocrítica *à la* Adorno. Na história em si, o protagonista, arqueólogo Norbert Hanold, começa atormentado com a escultura que sugere o movimento de Gradiva, a jovem que avança com um dos pés delicadamente arqueados. Ele conseguiu uma cópia em gesso do original que o encantara no museu de antiguidades, em Roma. Esse é o fato psicológico da história, e Freud faz um questionamento de ordem científica sobre o interesse do personagem em desvendar se o modo de caminhar de Gradiva foi bem reproduzido pelo escultor.

Hanold empreende hipóteses arqueológicas sobre a mulher, descobre que ela era helênica e dirigia-se à Pompeia, onde teria sido soterrada com a cidade. Freud lança uma reflexão aristotélica e coloca a arte como mimética da realidade. Independentemente da resposta que, freudiana ou socraticamente, não será explicitada (é arte), ele marca o território de um autor interessado em refletir sobre a natureza da criação artística. O clima é retomado em expressões como: "Essa pesquisa meticulosa levou-o a concluir que o modo de andar de Gradiva não era encontrável na realidade, o que o encheu de desânimo e consternação." (Freud, 1907, p. 23).

Há um novo texto dentro do texto, verdadeiro trabalho de metalinguagem, quando um leitor lê outro leitor. Em um jogo borgeano de espelhos, Freud demonstra sensibilidade na compreensão dos fenômenos estéticos: "Mas é um dos privilégios do escritor poder deixar-nos na incerteza!" (Freud, 1907, p.24). Mais do que aproximar o texto e a vida, ele sugere que toda arte verdadeira é uma obra aberta a ser completada por quem a lê, noção que o próprio Freud e a estética ulterior a ele seguirão aprofundando no patamar que a psicanálise alcançou como disciplina estética também aberta a tantas outras, como a filosofia, a história, a religião: "O texto é uma máquina preguiçosa que exige que os leitores façam a sua parte – ou seja, é um mecanismo concebido para suscitar interpretações [...]" (Eco, 2013, p. 34).[5]

Sabemos que é uma interpretação muito pessoal, mas amparada em palavras do próprio Jensen, quando Freud atrela a ciência à arte e à subjetividade. Referimo-nos ao momento em que o romancista reflete sobre a atividade científica e evoca a arqueologia, profissão de seu protagonista: "Ela ensina uma concepção fria e arqueológica do mundo e faz uso de uma linguagem filosófica e morta, que em nada contribuem para uma compreensão da qual participem o espírito, os sentimentos, o coração."

---

[5] Atribuída na contemporaneidade ao semiólogo Umberto Eco, a noção de obra aberta foi sugerida por Kant (2017, p. 211) nos estudos sobre o juízo estético com afirmações contundentes sobre o gênio criador como alguém capaz de "[...][uma representação, portanto, que nenhuma linguagem alcança ou pode tornar compreensível.". A ideia de que o espectador completa a obra vem sendo enfatizada, desde o século passado, por importantes críticos de arte (Dewey, 2010).

(Freud, 1907, p. 26).⁶ Lemos o trecho com a ideia de que a arte e a psicanálise só podem realizar-se a partir da integração do sentimento e do pensamento, quando saem do recalcamento e retomam a vida, movidas por algo autêntico, pessoal.

Hanold, fascinado pela mulher da escultura, Gradiva de Pompeia, é incapaz de sentir desejo por mulheres de verdade (seu sintoma). Ele renunciou à vida e aos prazeres em detrimento dos estudos, predisposto a tornar-se um artista. Ou um neurótico. Ele começa a se transformar, já observa pés femininos de verdade, sonha que está em Pompeia e vê Gradiva passar. E parte para a verdadeira cidade a fim de encontrá-la. Tudo parece representativo de uma empreitada analítica em sua busca amorosa.

Após breves angústias em Nápoles e Roma, a inquietação de Hanold, já em Pompeia, permanece com o ruído de recém-casados, transferido para algumas moscas. Ali sentiu que nem tudo era exterior, que estava insatisfeito e algo lhe faltava. Como no andamento de uma análise. Parece arbitrário, mas não para Freud ou para como lê o texto de Jensen, a história de um processo terapêutico, tema central da novela, conforme a nossa leitura. Hanold livra-se do guia e percorre a esmo a cidade. Vê Gradiva em carne e osso: ela sai de um templo e faz na realidade o mesmo movimento que fizera no sonho dele. Aqui identificamos algo que está no cerne da teoria literária. Freud, leitor de Jensen, pergunta se é alucinação da personagem ou realidade da ficção. A presença de um lagarto que se move sugere que é realidade, mas não podemos ter certeza.

Ora, toda ficção faz um jogo com a verdade ou que pareça verossímil de forma que acreditamos. Autores como o ficcionista Vargas Llosa (2008) veem aqui o objetivo fundamental da literatura, e Freud introduz a noção da escrita como brincadeira, conforme irá aprofundar em *Além do princípio do prazer*. Tzvedan Todorov (1975) identifica na literatura fantástica a intenção principal de criar esse jogo que confunde o leitor entre a verdade do fantástico e a da doença mental. Ao leitor (receptor), a escolha diante da obra aberta.

Freud introduz a trama como metáfora da cura de um delírio, o protótipo dos transtornos, e o sintoma como decorrente do recalcamento. Mas não é esse o caminho de toda arte? – perguntamos nós, leitores de Freud: a acolhida de um sintoma, fruto do recalcamento que finalmente

---

⁶ Numeração da página no texto de Freud, embora seja uma citação do romance.

encontra a sua expressão e linguagem? A cura, no caso da vida, e a obra, no caso da arte?

Sintomas pertencem à categoria do mito, do folclore e das criações artísticas, com a diferença de que, assim como o sonho, são uma produção individual enquanto os outros abarcam produções culturais. Sintomas resgatam o que parecia morto, mas, quando se trata de inconsciente, as mortes podem ser revisadas pela psicanálise ou pela arte, desde que reconhecidas e elaboradas em sua tristeza: "Cada palavra escrita é uma borboleta espetada na página:/Por isso a palavra escrita é sempre triste [...]", escreve Mario Quintana (2012a, p. 167), leitor de Sigmund Freud, segundo à nossa leitura.

Gradiva desaparece enquanto Hanold se mantém "delirante". Depois de 1800 anos, Pompeia e a mulher estão vivas para ele. Para Freud, não há ciência no arqueólogo, mas pura imaginação. Hanold a reencontra e a interpela em grego. O autor diverte-se às nossas custas até que ela responde em alemão e nos conduz de volta à realidade. Mas o delírio do herói não se dissipa ainda. Gradiva diz que já sabia como soaria a sua voz. Ela, por ora, é um fantasma redivivo que se dissipa outra vez. Fica um ar de quem oferece a própria fala para resgatar a do outro como a capacidade continente de um analista. É o que a dupla de protagonistas começa a construir nas entrelinhas. Nas linhas, a tensão sonho-delírio-realidade mantém-se na continuação da trama com aparições e desaparições. Hanold e Gradiva encontram-se, falam do sonho dele e da escultura dela, indícios de um e outro. Para nós, em busca do Freud esteta, interessa-nos salientar outras passagens.

Há um trecho instigante. Freud, leitor de Jensen, está comovido com a capacidade de acolhida de Gradiva em relação a Hanold e o quanto ela não desmascara o provável delírio no primeiro momento. Não há interpretações apressadas, e haverá um encontro antes de qualquer transformação. Como na vida entre a mãe e o bebê. Como na arte entre o artista e a sua emoção antes de encontrar a forma, esta que a criação artística e a psicanálise almejam para falar do mundo:

> Seria uma coincidência estranha – mas ainda assim, nem inédita nem isolada – se o tratamento do delírio coincidisse com a sua investigação, e se precisamente na dissecação do mesmo viesse à tona a explicação de sua origem. Se assim for, começaremos certamente a suspeitar que o nosso caso

de doença possa acabar numa "vulgar" história de amor. (Freud, 1907, p. 30).

Ele antecipa as revelações do texto e sintetiza o encontro analítico como amoroso, presente e transferencial. Hanold se dá conta de que viajara para encontrar Gradiva, que, finalmente, se apresenta como Zoé. Gradiva significa aquela que avança com brilho e esplendor. Zoé quer dizer vida, mas será uma morta? – pergunta-se Freud, leitor de Jensen. Ou uma viva como pode significar a questão?

Depois de mais suspense, Gradiva torna-se Zoé em carne e osso. Freud começa a ler no texto ficcional parte importante de sua técnica científica e o quanto passa por um tempo de elaboração – aqui não mencionado diretamente –, antes de atingir alguma interpretação mais explícita e tornar-se uma história de amor como costuma ser a das análises quando descobrem no (des)amor original e transferencial as partes principais de suas intrigas, que, como os poemas para Quintana (1980), são sempre de amor. Aqui há abertura para uma reflexão estética com um viés terapêutico. Sentimos no trecho a construção do espaço em que uma arte se ocupa de metáforas capazes de acolher um transtorno de forma não explícita e figurá-lo de maneira segura (Mills; Crowley, 1995).

A analista Schneider (2008, p. 58) abordou isso com muita lucidez artística: "A dupla eficácia – anestesiar as feridas mais profundas e, ao mesmo tempo, despertá-las [...]".[7] O artista Goethe (apud Mann, 2015, p. 183) descreveu-o com muita lucidez científica: "Não há meio mais seguro de se afastar do mundo do que pela arte, e não há meio mais seguro de se ligar a ele do que pela arte.". A experiência estética permite um distanciamento psíquico graças ao artesanato formal do artista. Podemos nos identificar com tramas, personagens, e o prazer é garantido pela distância que permite expressar com segurança (Hanly apud Dionísio, 2012).

Não caberia ao analista a mesma capacidade e cuidado? Ensejar um distanciamento seguro para a alma em carne viva que analisa? Encontramos na arte o potencial terapêutico elevado que talvez explique a sua capacidade de transformar. Curar? Mas Freud não havia finalizado o parágrafo anterior; nós, tampouco:

---

[7] Tradução do autor.

Não se pode desprezar o poder curativo do amor contra um delírio – e acaso a paixão do nosso herói pela sua escultura da Gradiva não possui todas as características de uma paixão amorosa, ainda que paixão amorosa por algo passado e sem vida? (Freud, 1907, p. 30).

Ele sugere que a cura decorre de um encontro. Mostra-se em sintonia com psicanalistas vindouros, como Winnicott e Stern, que situam no ambiente e no *"estar com"*, respectivamente, as verdadeiras fontes de um processo terapêutico banhado pela arte. E pelo amor. No mesmo ritmo, a trama constrói indícios de que não há delírio e Gradiva é Zoé e real. Lentamente, vai ficando mais verossímil, conforme as palavras de Freud (1907, p. 31) sobre o Hanold de Jensen: "O antigo delírio começou a apresentar fissuras; ele conjeturou se acaso não poderia encontrar Gradiva em Pompeia, não somente ao meio-dia, mas em outros momentos também.".

Vemos a possibilidade de conquistar um novo sentido, algo próximo das experiências estéticas ou interpessoais. A arte atinge o objetivo expressivo quando nos identificamos com os personagens e aquilo que parece exclusivo deles torna-se nosso também. Há elaboração, crescimento, transformação, mesmos frutos de uma análise. Jensen avança a trama até o momento em que, depois de muita implicação entre os protagonistas, o delírio finalmente desvanece. Gradiva-Zoé já pode explicar (interpretar) que, na realidade da ficção, ela foi uma vizinha de Hanold, com quem brincou durante a infância. Freud vê aqui o protótipo da cura como recordação do recalcado, presente em Hanold, que "sufocara" toda a sexualidade infantil:

> Considere-se também quando Gradiva indagou ao arqueólogo se este não se recordava de há dois mil anos ter compartilhado de sua refeição. Essa pergunta incompreensível logo parece adquirir sentido, se mais uma vez substituirmos o passado histórico por um passado pessoal – a infância – do qual a jovem retinha lembranças vívidas, mas que parece ter sido esquecido pelo rapaz. (Freud, 1907, p. 37).

Freud, leitor de Jensen, explora o conceito de recalcamento e a sua importância na neurose e na cura. Deparamo-nos outra vez com a analogia passado histórico-individual. Para Zoé, um conflito com o pai. Para

Hanold, o motivo de afastar-se das mulheres reais. Os conflitos ganham expressão. Graças ao encontro. À acolhida. O delírio de Hanold é compreendido como fruto do recalcamento de um antigo amor e das pulsões sexuais a ele associadas. Em meio à arte, porque nós, leitores de Freud, observamos o quanto ela vive de reminiscências, de lembranças redivivas, como vários artistas descrevem a sua experiência criativa que busca dar forma a tais conteúdos (Houellebecq, 2012).

A criação artística é um depósito mais saudável do que a neurose, ainda que Freud as aproxime muitas vezes. A psicanálise também almeja as reminiscências. Ela nos estimula a pensar a arte como um objeto cultural com imenso potencial de cura e associamos livremente para pensar em Philippe, o menino de 6 anos que acompanhamos no abrigo da região parisiense. A sua história era atroz. Filho de uma relação incestuosa entre a mãe e o avô materno, este menino, portador de vários diagnósticos – transtorno da conduta, déficit de atenção, transtorno do humor –, era incapaz de sentar-se para ouvir uma história: a sua história?

Certo dia, Philippe adentrou a sessão do grupo terapêutico bem na hora em que contávamos uma. Ao pular no meu pescoço (como um bicho sem noção de sua história?), eu o segurei firmemente e perguntei o que estava fazendo. Ele respondeu sem titubear: "Uma palhaçada". "Tu sabias que existem histórias de palhaços?", rebati. E prometi trazer uma na sessão seguinte, que o encontrou, pela primeira vez, sentado para ouvir. Contei a de Chico, o palhaço apaixonado e deprimido do amor não correspondido por Amália, a domadora do circo. Atrapalhado em seu número – o último, porque o dono quer despedi-lo –, consegue chamar a atenção da mulher e a conquista. Seria essa esperança que Philippe agarrou e o fez dizer que ali estava a sua vida? Ele passou a ouvir e, depois, a desenhar palhaços em preto e branco. No começo, sem muita história, mas, ao longo do tempo, repetido o relato muitas vezes, foi ganhando cor, palavras, intrigas. Acolhida e metáfora foram terapêuticas para ele como para Hanold com Gradiva. Ou para qualquer analisando e analista em meio a um amor transferencial.

Freud chama a atenção para o quanto Zoé retarda as explicações e propõe, no lugar delas, um encontro banhado em implicações e metáforas como o de Philippe. Hanold precisou da história de Pompeia – a chave do simbolismo, segundo Freud – para representar uma trajetória pessoal de lembranças reprimidas. Pompeia foi o seu palhaço. Freud introduz uma das noções básicas e a um só tempo mais simples sobre a natureza da arte como depositário de metáforas e potencialmente capaz de esconder e revelar o reprimido. Ele cita Horário: "Podes expulsar a Natureza com um forcado, mas ela sempre retornará." (Freud, 1907, p. 40). Ele sugere a natureza em comum entre a cura e a arte como locais em potencial de retorno do reprimido. Zoé e Hanold já podem ficar juntos, curados de seus recalcamentos e capazes de um amor real, maduro, genital.

Na segunda parte do texto, Freud retoma a história de Jensen e os próprios argumentos. Dedica um espaço para refletir sobre o inconsciente, os sonhos de maneira geral e de Hanold, em particular. Nós o acompanhamos em busca de invariantes para a estética e detectamos traços importantes em afirmações como: "Aqui, sentimo-nos tentados a permitir que nossa própria fantasia estabeleça um elo com a realidade." (Freud, 1907, p. 46).

Reflete sobre o nome Bertgang, sobrenome de Zoé-Gradiva, e o indício de que ela fosse de família distinta, descendente de germânicos e romanos, o que teria se transmitido em sua forma de caminhar. À nossa leitura, sobressai a inclusão do termo fantasia, tão caro ao autor para expressar ao leitor que ela o guia de forma particular. A segunda afirmação: "O escritor criativo não pode esquivar-se do psiquiatra, nem o psiquiatra esquivar-se do escritor criativo, e o tratamento poético de um tema psiquiátrico pode revelar-se correto, sem qualquer sacrifício de sua beleza." (Freud, 1907, p. 47).

As reflexões ratificam a proximidade atribuída por Freud entre a sua ciência e a arte que a precedera. Ele situa a cura no resgate do erotismo recalcado da infância, presente na trama entre Zoé e Hanold e proporcionado pela técnica analítica. Ele está mais interessado em abordar o delírio como algo a ser ouvido, acolhido e historiado, o que é bastante inovador para a época e mesmo hoje com uma cultura terapêutica mais interessada em sedar do que em compreender e elaborar:

> Um psiquiatra talvez incluísse o delírio de Norbert Hanold no vasto grupo da "paranoia", classificando-o como provavelmente "erotomania fetichista", já que seu traço mais saliente era uma paixão por uma escultura, e aos olhos desse psiquiatra, que tende a ver tudo pelo prisma mais grosseiro, o interesse do jovem arqueólogo por pés e posições de pés inevitavelmente passaria por "fetichismo". Contudo, todos os sistemas de nomenclatura ou classificação dos diversos

tipos de delírio de acordo com seu tema principal são de certa forma precários e estéreis. (Freud, 1907, p. 48).

O trecho é atual e verdadeiro paradigma da distância entre psiquiatria e psicanálise, a primeira comumente apontada para o diagnóstico e um substrato normal-patológico rarefeito, quando não ausente na segunda, mais interessada nos meandros da subjetividade. Mais próxima da arte. Freud dedica-se a definir o inconsciente, pilar de sua teoria, de sua técnica e do psiquismo das personagens dentro ou fora das páginas. E inferimos outra eventual definição do que seja arte para ele: aquela que lida com o inconsciente e alcança êxito em sua representação. Como a análise. É o depositário do inconsciente, do reprimido, mecanismo responsável por nos identificarmos com uma Lady Macbeth, um Rei Lear ou um Hanold. A linguagem, a linguagem vem depois, e Freud está menos interessado nos meandros dela ou no diagnóstico fechado dos psiquiatras mencionados. A arte do mundo e a psicanálise de Freud vêm para abrir.

O recalcamento é de natureza erótica. Hanold teria recalcado as aproximações eróticas nos folguedos com Zoé durante a infância. E aqui flagramos novas proximidades entre a criação artística e a psicanálise:

> É em ligações como essas, onde o afeto se combina à agressividade, que o erotismo imaturo da infância se expressa; só mais tarde emergem suas consequências, mas então de forma irresistível; na infância, geralmente só os médicos e os escritores criativos o reconhecem como erotismo. (Freud, 1907, p. 49).

Os médicos e seus pacientes, os escritores e seu público, os psicanalistas e os analisandos. Todos eles revisam e mergulham em seus erotismos falhados e parcialmente preenchidos. Todos eles investem eroticamente na palavra para revisarem seus objetos. O trecho seguinte realça as analogias:

> As lembranças de Norbert Hanold de sua ligação infantil com a menina de andar gracioso estavam reprimidas, mas esta ainda não é a visão correta da situação psicológica. Enquanto lidarmos apenas com lembranças e ideias, permaneceremos na superfície. Só os sentimentos têm valor na vida mental. (Freud, 1907, p. 51).

A afirmação é antológica e coloca em primeiro plano a importância do resgate afetivo no trabalho analítico e artístico. Evoca-nos o escritor Thomas Mann (2015, p. 160), admirador do músico Richard Wagner, para quem "[...] a primeira exigência da arte era a de que tudo que deve ser dito precisa estar em comunicação direta e total com os sentidos.". Ela vale para a visão estética de Freud, que reconhece um trabalho efetivo de cura (de Hanold por Zoé) em uma obra capaz de evocar sentimentos na vida mental do seu leitor. Como o efeito que provoca a arte verdadeira, observado desde Aristóteles e que, se não for premeditado – autoajuda para a arte, *furor curandis* para a análise –, pode ser terapêutico.

A arte não é linguagem fria, cerebral, mas um processo integrado de afeto e técnica que permite o resgate e a transformação do recalcado. Freud avança:

> As ideias só são reprimidas porque estão associadas à liberação de sentimentos que devem ser evitados. Seria mais correto dizer que a repressão age sobre sentimentos, mas só nos apercebemos destes através de suas associações com as ideias. (Freud, 1907, p. 51).

É carro-chefe da psicanálise. Na luta entre o poder do erotismo e das forças que o reprimem, surge o delírio (o sintoma). A cura concilia ideias e sentimentos, assim como a arte precisa para nós, leitores de Freud, integrar a batuta das emoções e da linguagem. A luta é a mesma.

Pompeia é o símbolo do reprimido (o antigo), que impede Hanold de amar no presente uma mulher de carne e osso e não de metal ou pedra. Para nós, no seu embalo, arte e análise constituem-se na construção simbólica desse reprimido, depositário de ruínas à espera do leitor e analisando para a tarefa. Arte é papel, ferro, imagem virtual, mas com uma linguagem capaz de promover o reencontro dos afetos e da própria vida, nem que a vida mental.

A ciência ainda não reconhece a importância da repressão, mas a arte a precede e o faz intuitivamente há séculos. Freud analisa os sonhos de Hanold e o quanto eles o aproximam de Gradiva. Observa-os com funções como o deslocamento, presente também na composição de um texto. Freud nos sugere que não há arte literária sem estrutura ou edição, o que acabaria sendo um retrato denotativo, entediante e inexpressivo da realidade. Ele atribui ao sonho a capacidade de trazer o retorno do proibido por relaxamento da censura, mesma tarefa da arte. Através do sonho e do outro, a fascinação pela escultura pode tornar-se pela mulher real com a libido deslocada para a representação e o símbolo, sonho de toda cura.

Não temos respostas definitivas – é arte e ciência, expressão humana rica e aberta. Mas não renunciamos à conclusão provisória de que análise e criação artística atuam no mesmo campo. Elas são um momento (em vigília) de se defrontar com emoções escondidas que, passada a página, o quadro, a melodia, o filme, a escultura e a sessão, voltam a esconder-se com todo o furor da resistência. Então, é preciso mais arte e análise. Resgatá-las é interminável.

Na terceira parte e na conclusão, Freud aprofunda os sonhos de Hanold e o inconsciente por detrás dos atos. Ele atribui importância à causalidade e à ausência de arbitrariedade. Como a arte, acrescentamos, arquitetada intuitiva e/ou premeditadamente pelo seu criador, embora a causalidade pareça ausente, e a arbitrariedade, presente. Ora, a arte expõe aparentes absurdos ou bobagens como um sonho e um sintoma. No entanto, o estudo aprofundado costuma revelar uma intenção, uma ordem, uma lógica, sentidos que variam conforme o receptor. Basta ir, segundo Freud, do manifesto ao latente através da análise. Ou das metáforas, através da nossa leitura.

Há no texto freudiano essa nova aproximação de arte e psicanálise considerarem como não sendo bobagem tudo o que aparece (o manifesto) e o respeitarem a ponto de seguir adiante na incessante busca dos significados latentes. Quando Freud afirma que a ida de Hanold a Pompeia tinha a ciência como pretexto, baseava-se em sentimentos que não podia nomear. A busca das pegadas de Gradiva, atraído pelo som de um canário, tinha menos a ver com circunstâncias externas do que com o íntimo. Temos aqui um ponto central que reúne criação artística e psicanálise: o acesso ao íntimo para nomear sentimentos e expandir a consciência. Seu palco em comum abriga a luta entre o erotismo e a resistência, a criação e a repressão. Com seu tempo e suas técnicas, favorecem o confronto com essa resistência e a retomada daquele erotismo. É o que sugerem os sonhos de Hanold, a trama criada por Jensen e as interpretações do analista Freud. É o rumo que costumam tomar os banhos de arte ou análise.

Freud retoma a sequência em que Gradiva cura Hanold do delírio. Não o faz abruptamente, não o confronta logo no começo com a realidade:

> Ela aceitou o papel de um fantasma redivivo por uma hora fugaz, papel que, como percebera, o delírio de Hanold lhe

> atribuíra, mas, ao aceitar a sua oferta das flores dedicadas aos mortos e ao lamentar que ele não tivesse escolhido rosas, insinuou delicadamente com palavras ambíguas a possibilidade de ele admitir uma nova situação. (Freud, 1907, p. 67).[8]

Freud é delicado para descrever a técnica analítica: insidiosa, cuidadosa, artística no respeito ao tempo. Ela aproxima-se da arte, que colabora com a elaboração dos conteúdos inconscientes. Sem pressa, com ritmo, para mudar as representações. Elas não costumam ser diretas, mas elípticas. Vivem da repetição, da releitura. Da continuidade, a sua matéria-prima. Gradiva, como uma psicanalista artista, compreende que a causa do delírio era o amor de Hanold por ela. Essa é a interpretação de Freud, mas também de Sófocles, de Shakespeare e de Mario Quintana (1981, p. 35): "Se o poeta falar num gato, numa flor, [...]/se não falar em nada/e disser simplesmente tralalá... Que importa?/Todos os poemas são de amor!".

Freud (1907, p. 75) realça a importância do disfarce:

> Está tudo no sonho, e não muito distorcido; hesito, entretanto, em apontá-lo por saber que mesmo os leitores que até aqui me seguiram com paciência irão rebelar-se vigorosamente contra minhas tentativas de interpretação. A descoberta de Hanold é anunciada completamente no sonho, mas sob um disfarce tão engenhoso que forçosamente passa desapercebida. Encontra-se oculta sob um jogo de palavras, uma ambiguidade.

Parágrafo fundamental. Permite pensar que o mesmo disfarce é valorizado explicitamente por Freud, leitor de Jensen, para o funcionamento da história, e por nós, leitores de Freud, para o funcionamento da arte. E da análise.

Ao mesmo tempo em que nos aproximamos do final dos textos, encontramos aquele que pode ser um dos aspectos fundamentais na visão estética freudiana a partir de uma análise literária: "Quem quer que leia *Gradiva* certamente notará a frequência com que o autor coloca frases

---

[8] Embora se trate de uma citação literal que ele faz do próprio romance de Jensen.

ambíguas na boca de seus dois personagens principais." (Freud, 1907, p. 77). Leitor de Jensen, ele enfatiza o poder da ambiguidade e situa para nós, leitores de Freud, a arte como a casa dela, verdadeiro carro-chefe da linguagem e do poder expressivo:

> Sei por experiência própria que o papel desempenhado pela ambiguidade pode provocar violenta objeção entre os que desconhecem o assunto, sendo capaz também de provocar sérios mal-entendidos. Mas mesmo assim o autor agiu de forma correta ao reservar em sua criação um lugar para esse aspecto característico do que ocorre na formação de sonhos e delírios. (Freud, 1907, p. 79).

O delírio – acreditar que Zoé é Gradiva ressuscitada – está a serviço de manter o recalcado e impedir o acesso à consciência. O sonho, como a arte, funde, desloca e realoca no cenário em que o recalque transita. Amparados por Freud, podemos aventar pelo menos dois aspectos importantes da arte para a psicanálise: o primeiro é o acesso à metáfora que carrega uma dúvida (o ambíguo) saudável, ao contrário do delírio. O segundo é apresentarem-se como espaços para elaborar inevitáveis questões místicas, ilógicas, ambíguas e irracionais de forma menos limitante e não dogmática.

Sonhos e delírios, valoriza Freud. E arte, nós acrescentamos diante do que nos parece uma ode à metáfora sempre ambígua como baluarte da análise e da criação artística. Nossas produções mentais já não podem ser descargas fisiológicas, matérias do acaso e sim espaços onde há verdade ocultas, inconscientes. Podemos lê-las, brincar com elas, elaborá-las como quem frui uma arte. Ou uma análise.

A ambiguidade da criação artística está presente nos delírios e sonhos de Hanold. O soterramento de Pompeia pode significar o desejo do arqueólogo de testemunhá-lo, enquanto significaria para Freud o recalcamento do desejo amoroso ou erótico ocorrido na infância. A arte surge como o terreno do símbolo, para o qual Freud arrisca uma definição decorrente da própria ambiguidade no embate e nas conciliações entre o consciente e o inconsciente: "E quando acontece de, devido à natureza maleável do material verbal, essa dupla intenção que está por trás da fala poder ser expressa com êxito pelas mesmas palavras, temos o que denominamos de 'ambiguidade'." (Freud, 1907, p. 78).

A arte é uma bem-sucedida obra aberta à percepção própria de cada um. Para compreender-nos, para chegar à verdade psíquica que será sempre paradoxal, semovente, deslocada, ambígua. Simbólica, para quem felizmente puder deslocar-se. Para Freud, o sonho de Hanold em que um lagarto some na fenda expressa o desejo de encontrar Gradiva, enquanto nós, no rastro do psicanalista, vemos o símbolo de um coito. Pouco importa, já é metáfora, dúvida, alternativa, e adentramos um espaço de cura, ou seja, livre da certeza fechada fanática de um sintoma ou dogma e aberta para uma percepção singular, saudável: "Entretanto, como não podemos submeter Hanold a um interrogatório, teremos de nos contentar em consultar suas impressões, e timidamente substituir suas associações pelas nossas." (Freud, 1907, p. 70).

As páginas finais são dedicadas à cura, atribuída a uma verdadeira história de amor entre Gradiva e Hanold. Entre paciente e analista na transferência. Ou entre nós e Philippe. Entre a arte e a ciência com novas afirmações antológicas: "O autor estabelece assim uma íntima ligação entre o desvanecimento do delírio e o ressurgimento da ânsia de amar, preparando o caminho para o inevitável desenlace amoroso." (Freud, 1907, p. 81).

A cura reaparece como o retorno do reprimido de Hanold a partir de Gradiva e de um encontro com resgate amoroso. Sem mencionar diretamente, Freud evoca a transferência. Ele reconhece a aproximação entre o processo empregado por Gradiva e o método analítico sem limitá-lo a tornar consciente o reprimido ou a esclarecer. Freud valoriza o despertar dos sentimentos, o que situamos entre as funções primordiais do artista com a sua obra e do analista com a sua arte, muito mais (re)construtores de encontros e afetos do que capazes de desvendar verdades:

> Talvez tenhamos produzido apenas uma caricatura de uma interpretação, atribuindo a uma inocente obra de arte propósitos desconhecidos pelo autor, e demonstrando assim, mais uma vez, como é fácil vermos em toda a parte aquilo que se procura e que está ocupando nossa mente – possibilidade da qual a história da literatura nos fornece os exemplos mais estranhos. Que o leitor decida agora se essa explicação o satisfaz. (Freud, 1907, p. 83).

Podemos nos apropriar da arte de acordo com a nossa necessidade, sugere Freud. E Bettelheim, quando estuda os contos de fadas (1976).

Ajudamos o outro sem nos darmos conta do que tece a nossa linguagem coconstruída. Porque é psicanálise, ciência e, sobretudo, arte no resgate de um amor: "Simultaneamente, ou mesmo antes do desaparecimento do delírio, ressurgiu no herói uma inconfundível ânsia de amar [...]" (Freud, 1907, p. 80).

Como vimos com Quintana, todos os poemas são de amor. Todas as análises, também.

3
ESCRITORES CRIATIVOS E DEVANEIO (1908)

> Meu nome é Louise Josephine Bourgeois... Toda a minha obra dos últimos cinquenta anos, todos os meus temas, foram inspirados em minha infância. Minha infância jamais perdeu sua magia, jamais perdeu seu mistério e jamais perdeu seu drama.
>
> Louise Bourgeois

Escritores criativos e devaneio candidata-se ao texto em que Freud expressa de forma mais direta as suas noções sobre estética. De fato, é o único em que o autor se debruça no temperamento de um artista. Oriundo de uma conferência em um espaço literário, ele abre confessando tal propósito com a indagação de Cardeal a Ariosto: "Onde encontrou tantas histórias, Lodovico?" (Freud, 1908, p. 135).

Como quem pergunta de onde vem a inspiração, Freud revela o desejo de responder e perscruta alguma analogia:

Se ao menos pudéssemos descobrir em nós mesmos ou em nossos semelhantes uma atividade afim à criação literária! Uma investigação dessa atividade nos daria a esperança de obter as primeiras explicações do trabalho criador do escritor. (Freud, 1908, p. 135).

Ele indaga se não haveria algo próximo entre o trabalho dos escritores e a criação diária e natural de toda gente. Sem maiores delongas, faz uma afirmação contundente que explicita a sua hipótese sobre a criação estética: "Acaso não poderíamos dizer que ao brincar toda criança se comporta como um escritor criativo, pois cria um mundo próprio, ou melhor, reajusta os elementos de seu mundo de uma nova forma que lhe agrade?" (Freud, 1908, p. 135).[1]

A relação da arte com a brincadeira não é nova. Ela esteve presente na atenção de estetas como Schiller, Darwin, Spencer,[2] e no berço da nossa cultura literária com a poética de Aristóteles (2005), que aproximava a tragédia e o jogo das crianças. Freud imprime originalidade com a ideia da construção de um mundo próprio. É efetiva a imagem sobre o trabalho do escritor próximo a alguém que brinca e reinventa: "A antítese de brincar não é o que é sério, mas a realidade." (Freud, 1908, p. 135).

No embalo de Freud, podemos pensar que é poeta a criança que brinca e o analista que trabalha:[3] Raul tem 10 anos e ainda não entra sozinho na consulta. A mãe se angustia e tenta forçar a entrada. Ou a separação, representada na cena e para a qual eles ainda não estão prontos dentro e fora da análise. Acolhida na angústia, a mãe aceita entrar com o filho, mas não que ele não brinque com ela ("afinal entrei", insiste); gera-se outro impasse até que finalmente ele começa a montar um barco com o lego. Raul brinca sozinho na presença dela.

Winnicott (1969) descreveu como e o quanto brincar sozinho na presença da mãe é uma etapa fundamental do desenvolvimento infantil. A partir de Freud, flagramos a mesma necessidade em Raul: além de

---

[1] Thomas Mann (2015, p. 78) escreve sobre Freud: "O artista sobretudo, esse homem que passa o tempo brincando [...]". E Walter Benjamin (2002, p. 85): "Não há dúvida que brincar significa sempre libertação.".
[2] Apud Tolstói, 2016.
[3] E. S. Luria, vencedor do prêmio Nobel de Medicina de 1969, acreditava que o cientista também trabalha à semelhança de uma criança que brinca (apud Trevisan, 2017a).

elaborar a separação através do jogo (o barco que parte), ele expressa uma forma de fazê-lo, criando um mundo próprio com a mãe por dentro até conseguir separar-se dela por fora: "Não me abandones/Que eu te inventarei/Palavras insensatas", cantou Edith Piaf,[4] em nome de todos nós que contamos com as palavras para não sermos órfãos antes e depois que as mães partem. Brincar é o protótipo da criação a partir de Freud e Winnicott. Brincar para vincular-se e partir. Como amar e despedir-se, para o poeta Pablo Neruda (1971): eu crio, porque fui amado e preciso criar novamente para ir embora com o primeiro amor guardado em mim na direção dos próximos.

As afirmações de Freud acolhem a nossa hipótese de que há nele um teórico da estética. Seu texto é cristalino, objetivo, direto. Substantivo: "O escritor criativo faz o mesmo que a criança que brinca. Cria um mundo de fantasia que ele leva muito a sério, isto é, no qual investe uma grande quantidade de emoção, enquanto mantém uma separação nítida entre o mesmo e a realidade." (Freud, 1908, p. 136).

Ele propõe que a irrealidade do mundo imaginário do escritor influencia a técnica de sua arte justamente por não ser real e proporcionar um prazer que não haveria fora do jogo da fantasia, onde seria penoso. A arte, através da forma, afasta-se da realidade, mas é na segurança proporcionada pelo afastamento que ela pode reaproximar-se ainda mais. Raul se afasta da angústia de separação (a sua dura realidade) ao montar o barco com o lego, seguro do afastamento que o jogo lhe proporciona com a possibilidade paradoxal de se aproximar ainda mais do seu conflito. Para criar em torno dele. Para brincar com ele. Elaborá-lo.

O processo pode ser entendido à luz da metapsicologia e do econômico. O artista, com a sua forma e as combinações simbólicas que constrói, traveste o desejo, recalca-o, desloca-o, poupa energia. Ao mesmo tempo, suprime a inibição através dos mesmos recursos. Há uma espécie de jogo entre atenção e desatenção, já que podemos nos identificar com as personagens e estarmos distraídos pelo símbolo protetor: "Assim, a literatura e o teatro são compensações para a nossa mortalidade [...]", escreve Kofman (1996, p. 139).

---

[4] *Non, Je Ne Regrette Rien* canção de Jacques Brel, tradução do autor com o auxílio luxuoso de Pascal Reuillard.

A própria definição freudiana de estética aponta a obtenção de um prazer ao gozar dos fantasmas de forma mais liberta do Supereu. Uma maneira alternativa de realizar o desejo e defender-se da censura. Acreditamos que toda análise bem-sucedida flexibiliza as defesas psíquicas e nos faz mais criativos (Strachey, 1933). Que o faça melhor com arte, sugerem as linhas e entrelinhas de Freud. Trata-se de um jogo proporcionado pela forma, indissociável do fundo no paradoxo entre esconder e mostrar. O jogo provoca efeitos estéticos, prazerosos, e a abordagem econômica encontra a função catártica e aristotélica da arte, porque o prazer viria exatamente da liberação do recalcado graças aos recursos simbólicos do artista.

Chasseguet-Smirgel (1971) também situa a função principal da arte na possibilidade de gozar sem culpa dos próprios fantasmas representados pela obra. Os artistas são libertários e visionários: a antena da raça, segundo o poeta Pound (1976). Para Freud (1920), são aqueles que continuam brincando, mesmo depois de crescidos, na premissa de que jamais abandonamos um prazer, e, sim, o substituímos por outro.[5] Em vez de brincar, o artista fantasia ou devaneia, tema do texto. Freud aproxima o criador artístico do neurótico como reveladores de fantasias com a simples e complexa diferença de que o primeiro o faz através da arte, enquanto o segundo, através do tratamento. Para ele, as fantasias assumem o primeiro plano da criação. Elas remetem à realização de um desejo, e o artista (o analista) é aquele que não se inibe em trabalhar com esse material:

> O trabalho mental vincula-se a uma impressão atual, a alguma ocasião modificadora no presente que foi capaz de despertar um dos desejos principais do sujeito. Dali, retrocede à lembrança de uma experiência anterior (geralmente da infância) na qual esse desejo foi realizado, criando uma situação referente ao futuro que representa a realização do desejo. O que se cria então é um devaneio ou fantasia, que encerra traços de sua origem a partir da ocasião que o provocou e a partir da lembrança. (Freud, 1908, p. 138).

---

[5] Para Schiller (2002, p. 120), a beleza provém da capacidade de jogar, contemplar e de certa propensão à liberdade de não haver uma determinação particular, em consonância com as ideias de Freud: "A beleza é certamente obra da livre contemplação [...]".

O parágrafo, representativo de um trabalho analítico, antecipa a conversa com autores pós-freudianos que se interessaram pelas questões estéticas, como Hanna Segal (1993, p. 87):

> Aquele que devaneia, em seu devaneio ignora a realidade e dá rédeas a seu princípio de prazer-desprazer ao desenvolver fantasias de desejo. O artista tem isso em comum com o devaneador – ele cria um mundo de fantasia no qual pode satisfazer seus desejos inconscientes.

O criador, segundo ela, tolera melhor ansiedades e afetos depressivos. Ele vai ainda mais longe do que o devaneador, pois não evita o conflito e, sem negar as realidades externa e psíquica, tenta resolvê-lo através da sua criação. E o que não se resolve na arte ou na análise que não seja através da criação? A hipótese nos remete a uma afirmação poética do escritor inglês Oscar Wilde, retomada pelo japonês Yukio Mishima (2013, p. 5): "Os grandes artistas recordam o passado, testemunham o presente e antecipam o futuro.".

Ele está em sintonia com Freud, para quem os artistas antecipam o conhecimento do inconsciente e da psicanálise. Em seu estudo autobiográfico, reafirma a arte como forma de se afastar da realidade insatisfatória através da imaginação, mas, diferente da neurose, construindo um caminho de volta a partir do momento em que as produções despertam o interesse nas outras pessoas, identificadas pelos mesmos impulsos inconscientes repletos de desejos (Freud, 1925b; Aristóteles, 2005).

Ele volta a aproximar o devaneio e o sonho como capazes de trazer à tona conteúdos de que nos envergonhamos, mas faz um adendo que, em termos de arte (e análise), é essencial: "Tais desejos reprimidos e seus derivados só podem ser expressos de forma muito distorcida." (Freud, 1908, p. 139). Realça a importância do disfarce, da metáfora, da habilidade de um artista. E de um psicanalista. É como o barco de Raul, a necessidade simbólica para poder brincar. A arte está próxima ao sonho e transita por um terreno repleto de desejo, repressão, organização no tempo, mas só é capaz de acedê-lo, porque, em sua técnica, promove um disfarce ou uma distorção.

A verdade não se deixa apreender sem deformações (Freud). Daí, talvez, a arte dos analistas, capazes de aguardar, não pegar o touro pela frente da verdade, comer o mingau da dor pelas beiradas da metáfora (a boa anestesia) e com tanto a aprender da arte em si. Daí a alusão ao escritor criativo é um passo ou parágrafo: "Acaso é realmente válido comparar o escritor imaginativo ao 'sonhador em plena luz do dia', e suas criações com os devaneios?" (Freud, 1908, p. 139).

Freud nos oferece uma resposta afirmativa e uma explicação possível para a arte. Ele chama a atenção para o quanto a existência de um herói onipotente é assídua nas narrativas: "Nada me pode acontecer.[6] Parece-me que, através desse sinal revelador de invulnerabilidade, podemos reconhecer de imediato Sua Majestade, o Ego, o herói de todo devaneio e de todas as histórias" (Freud, 1908, p. 140).

O disfarce advém dos recursos formais do artista, capaz de promover a deformação, como assinala André Green (1994, p. 33): "A literatura é uma máquina para elaborar a relação com a realidade externa e com a realidade psíquica, graças à qual elas são interpretadas e necessariamente deformadas.". É possível pensar o disfarce de olho centrado nos conteúdos difíceis. Basta pensar em Cruz e Souza, em Proust e centenas de artistas cuja vida da arte está atrelada à experiência de perdas e à morte. Basta pensar na gigantesca sublimação coletiva oferecida pela arte, pela ciência, pela cultura. Basta pensar em mim mesmo, quando escrevo movido pela vida e pela morte: "A obra [...] é o contrário da morte, pois escolhe a ilusão do ruído da vida [...]" (Green,1994, p. 55).

Rupturas provocam um deslocamento que solicita proteção de futuras descontinuidades, matriz da dificuldade com os novos vínculos. Mas o artista se liga à arte e ali tece outras ligações, fazendo com que ela se torne uma companheira (protética?),[7] com lacunas, mas mantendo vivas as ligações que podem ser provisórias à espera da vida em si ou mesmo definitivas na resistência à morte: "Todo ato criativo implica produção de um conteúdo que rompe com um continente. Ou seja, toda obra criativa significa uma ruptura com o estabelecido.", escreve Júlio Conte, psicanalista e dramaturgo (2001, p. 153). A arte se torna o mundo próprio em que podemos circular dentro de leis que nós mesmos criamos (o barco de

---

[6] Frase de Anzengruber, dramaturgo vienense, e uma das prediletas de Freud.
[7] Hipótese de Pierre Lafforgue (1995), psicanalista francês que utilizou o conto com crianças autistas e psicóticas.

Raul[8]), infensos à dura realidade e suas descontinuidades ou vulnerabilidades (a mãe angustiada com a separação).

No momento em que Freud abre a possibilidade de representar o trabalho criativo, ele reconhece como de hábito os limites desse alcance: "Em geral, até agora não se formou uma ideia concreta da natureza dos resultados dessa investigação, e com frequência fez-se da mesma uma concepção simplista." (Freud, 1908, p. 141). Por mais que relativize a importância de sua descoberta, reforça uma hipótese consistente quando situa a arte entre o presente e o passado (a infância) e como a realização de um desejo. As hipóteses apontam criações individuais, mas ele as estende para as coletivas, designando "o tesouro popular dos mitos, lendas e contos de fada" como "os sonhos seculares da jovem humanidade" (Freud, 1908, p. 142; Rank, 2015).

Ele está mesmo interessado em responder aos mistérios da criação poética: "Como o escritor criativo consegue em nós os efeitos emocionais provocados por suas criações –, ainda não o tocamos. Mas gostaria, ao menos, de indicar-lhes o caminho que do nosso exame das fantasias conduz ao problema dos efeitos poéticos." (Freud, 1908, p. 142). Ele vê rastros da verdadeira fonte do efeito na capacidade de o escritor obter prazer. Lá onde os leitores e os apreciadores da arte se envergonhariam desses conteúdos, o artista obtém um regozijo.[9]

Em seguida, uma afirmação contundente admite o mistério, mas avança em sua tentativa de decifração:[10]

> Como o escritor o consegue constitui seu segredo mais íntimo. A verdadeira *ars poetica* está na técnica de superar esse nosso sentimento de repulsa, sem dúvida ligado às barreiras que separam cada ego dos demais. Podemos perceber dois dos métodos empregados por essa técnica. O escritor suaviza o caráter de seus devaneios egoístas por meio de alterações e disfarces, e nos suborna com o prazer puramente

---

[8] Raul comanda o barco, no jogo ele é ativo e não passivo, ao contrário do que se passa na realidade e sua angústia de separação.
[9] E o quanto é prazeroso compreender o mundo interno em uma análise...
[10] Freud (1916a) evoca a expressão "misteriosa habilidade" e desenvolve importantes noções a respeito do símbolo e suas conexões linguísticas, fruto do inconsciente reprimido ou dos temas proibidos.

formal, isto é, estético, que nos oferece na apresentação de suas fantasias. (Freud, 1908, p. 142).

Analista e analisando não obteriam o mesmo tipo de prazer ao tocarem em conteúdos que, fora da cena analítica, poderiam envergonhá-los a ponto de não fazê-lo? Um dos objetivos cruciais de uma análise não é baixar a guarda do Supereu e nos tornar mais soltos, libertos, criativos? Conteúdo e forma estão aqui. A arte como disfarce, a técnica mantida em segredo e capaz de construir uma máscara,[11] suavizar sentimentos difíceis de forma que haja uma libertação da tensão.

Freud propõe uma resposta ao enigma da criação artística e, ao sugerir que o artista é como a criança que brinca e nos dá de brincar com a arte para gozarmos de nossos próprios fantasmas sem vergonha ou reprovações, não estamos diante do que se espera da dupla paciente-analista nas epifanias da elaboração? No caso de Raul, a separação através do barco que criou entre a solidão e a companhia. E não estaríamos todos nós, analistas, artistas, leitores, analisandos, na luta incessante de construir esse barco capaz de partir depois de amar?

---

[11] E a máscara é mais verdadeira do que a própria face, conforme vimos com o poeta Mario Quintana (2013).

4
ROMANCES FAMILIARES (1909b)

> O único meio de alcançar autonomia é construir uma quimera, uma representação teatral de si, uma fascinação pelo inesperado, um amor pelos recomeços que balizam o romance de nossa vida.
>
> Boris Cyrulnik

Romances familiares foi publicado originalmente como prefácio para um livro de Otto Rank. Freud pensava no tema há mais tempo. No começo, ele atribuía essa construção aos paranoides, estendendo-a depois a todos os neuróticos. O texto é curto e não tem a intenção de refletir diretamente sobre a estética, mas o elegemos como um dos carros-chefes do assunto.

Marthe Robert (apud Green, 1994) mostrou as relações entre um romance familiar e a escritura do romance literário, assim como Sara Kofman (1996). Otto Rank (2015) relaciona-o com o mito do herói, o conflito entre o real e o ideal, tema recorrente dos romances e base da ficção. Freud destaca a importância do processo de independência e o desafio do crescimento para uma criança. Ela deseja igualar-se a seus pais e descobre gradualmente a categoria a que eles pertencem. Aqui entram em cena os romances familiares, quando a criança costuma brincar que outros são seus pais: melhores, superiores, menos hostis. Uma arte também não brinca disso? Uma análise não busca melhores versões para mãe e pai?

Os romances familiares têm a ver com o sentimento de se sentir negligenciado, e há momentos em que a criança é negligenciada ou pelo menos tem a sensação de que não está recebendo todo o amor de seus pais e precisa dividi-lo com algum irmão. Ela pode imaginar que é adotada e experimentar pensamentos hostis contra os progenitores. Freud coloca os romances como a base da criação dos mitos. Eles costumam ocorrer na fase seguinte da hostilidade. Aparecem na infância como brincadeira e na puberdade como devaneio. Dificilmente serão lembrados – lembra Freud –, mas podem ser resgatados com a psicanálise. Um de seus objetivos é libertar a criança dos pais através da imaginação. Estão, portanto, ligados a um grande desafio da vida: o desapego, paradoxalmente misturado ao apego.

Freud considera os romances uma atividade normal dos neuróticos e, como seu leitor, nós os situamos junto a brincadeira no sentido freudiano de elaboração. Ou criação artística. É a natureza do romance familiar, mas também a do artista. O potencial para chegar a ele é transmitido conforme a qualidade das relações parentais mais ou menos capazes de engendrar a expressão de seu próprio mal-estar: "Quando os pais não conseguem transmitir um romance familiar sereno, o relato mal formado fragiliza o narcisismo de seus filhos." (Cyrulnik, 2009, p. 172).

Lembro-me agora do conto que escrevi sobre um menino maltratado pelo pai. A solução encontrada era fazer um "clique", depois do qual o pai tornava-se outro. O clique é o romance familiar com a mesma natureza salvadora onipotente de um herói (Super-homem, Homem-aranha, Batman), conforme as noções de Otto Rank, autor do livro prefaciado por Freud (Gutfreind, 2011; Rank, 2013).

Freud assinala que, no caso, as fantasias se tornam sexuais, verdadeiros devaneios eróticos. Às vezes, elas constituem uma vingança contra os pais que as puniram em suas travessuras (sexuais). Ainda que ele não tenha expressado explicitamente, construímos a hipótese de que a criação de um romance familiar pode ser replicada com a manutenção da capacidade de continuar fazendo-os vida afora, arte e análise adentro, quando os processos de apego-desapego entram transferencialmente em cena. Freud aproxima os romances da brincadeira e do devaneio, embora não o tenha feito diretamente com a atividade artística como fizera em seu texto anterior sobre a criação e as fantasias. É o que fazemos agora, nos ecos dele que é mais elíptico, indireto, sugestivo:

> A técnica utilizada no desenvolvimento dessas fantasias (que, naturalmente, são conscientes nesse período) depende da inventividade e do material à disposição da criança. Há também a questão de as fantasias serem desenvolvidas com maior ou menor esforço para se obter verossimilhança. (Freud, 1909b, p. 220).

A importância das fantasias para a arte é bem conhecida na obra freudiana, mas a introdução de ideias como "inventividade" e alcance de "verossimilhança" permite uma aproximação maior da criação artística e do romance familiar, fonte de todos os mitos (Kofman, 1996). A busca da verossimilhança é a base da brincadeira entre as crianças e do jogo ficcional entre o autor e o leitor (Vargas Llosa, 2008).

Freud referiu-se aos romances familiares como obras de ficção, quando a hostilidade aos pais é aparente e encobre uma afeição. Pensamos que produzir ficções (não mentiras) e metáforas (de verdade) corresponde à saúde de um autor com a sua obra e a de todos nós, neuróticos e analistas, com a obra de nossas análises. Encerramos a aproximação do texto e a estética a partir de mais uma afirmação freudiana:

> Na verdade, todo esse esforço para substituir o pai verdadeiro por um que lhe é superior nada mais é do que a expressão da saudade que a criança tem dos dias mais felizes do passado, quando o pai lhe parecia o mais nobre e o mais forte dos homens, e a mãe a mais linda e amável das mulheres. (Freud, 1909b, p. 222).

A verdade está encoberta em toda arte ou análise. Focado na retomada dos romances familiares, o trecho nos evoca a importância de interações precoces parentais satisfatórias para a realização dos romances e a criação artística, hipótese que retomaremos mais adiante, no estudo sobre Leonardo da Vinci. Toda arte se volta para a infância e, de forma inconsciente, busca o resgate dos "dias felizes". Mesmo triste, ela é um estoque armazenado de tais dias por poder contar e ordenar a infelicidade como o sonho faz com o desejo: "Assim volta a manifestar-se nessas fantasias a supervalorização que caracteriza os primeiros anos da criança." (Freud, 1909b, p. 222).

Phyllis Greenacre (apud Chasseguet-Smirgel, 1992) aponta, entre as características de um impostor, a necessidade de atuar seu romance familiar. A ideia permite pensar a importância de mentalizá-lo, aproximando-o mais da criação do que da mentira, da elaboração do que da neurose, da ideia do que do ato, como nos fragmentos finais, advindos da nossa clínica: Lebovici fazia da cortina um brinquedo muito investido pelas crianças nos atendimentos em seu consultório simples na Universidade Paris 13, em Bobigny. Edipicamente, em busca de brinquedos mais complexos, sentia-me inferiorizado como analista até o dia em que Mateus, de 10 anos, no meu consultório brasileiro, fez de uma bic azul a mãe e de um lápis preto, o pai. Claro que me lembrei de Lebovici com o sentimento de honrar o mestre e chegar à altura desse psicanalista gigante de estatura baixa. Fora da caneta e do lápis, os pais de Mateus eram violentos, fisicamente, inclusive. A bic, no entanto, era amorosa, e o lápis preto mostrava-se incapaz de um gesto ou uma palavra carregada de excessos. Pareciam mesmo resgatar, através da análise, momentos felizes da infância. Ali estava um romance familiar feito de objetos, não de pessoas, mas não quaisquer objetos. Ele sabia que era com um lápis ou uma caneta que eu escrevia histórias que ele admirava. Os pais tinham-no convencido a consultar comigo com esse mote. Mateus era agora capaz de evocar dias felizes vividos com o mesmo pai violento e, segundo Freud e Diatkine (1994), tornava-se apto, através da transferência, a inventar outra história de si mesmo: "Não há outra verdade/senão a que invento", canta em sintonia com os psicanalistas o poeta Adriano Espínola (2015, p. 20).

O texto freudiano nos evoca a importância de pesquisarmos os romances familiares como uma fase necessária da mesma forma que observamos os fenômenos transicionais (Winnicott, 1971). Atentamos à sua manifestação na transferência, quando um paciente imagina e expressa a possibilidade de contar com outro analista que o compreenda melhor. A vida pode ser dura, pesada moeda a ser paga, como expressou Mario Quintana (2005), mas sempre há de existir um mote, um clique, uma arte. Um romance familiar. Ou uma análise.

5
LEONARDO DA VINCI: ENTRE A ARTE E A PSICANÁLISE (1910a)[1]

> Aprendam pois finalmente:
> Livrem-se com Leonardo
> da autoridade dos sábios!
>
> Erich Fried/tradução de Vitor Volker Gans

Com *Leonardo da Vinci e uma lembrança da sua infância*, retomamos outro trabalho que reúne arte e análise. É o ensaio que dá a largada para a dita psicanálise aplicada. A partir de um estudo patográfico, sacode as teorias românticas da inspiração (Adams, 1993; Dionísio, 2012). Ao lado do estudo sobre Moisés, escrito três anos depois, é o único texto freudiano específico sobre artes visuais.

---

[1] Reescrito a partir de um capítulo publicado originalmente no livro *A infância através do espelho: a criança no adulto, a literatura na psicanálise*. Artmed, 2014.

Freud falou em público sobre Leonardo pela primeira vez na Sociedade Psicanalítica de Viena, poucos meses antes da publicação. Também já havia se referido a ele em carta a Jung. Junto com *A interpretação dos sonhos*, considerou o trabalho como um de seus prediletos; de fato, é um dos ensaios em que mais cuidou do estilo e o único em que tratou de forma mais específica e profunda o tema da pintura (Conde, 1985; Guillaumin, 1998).

Freud toma como ponto de partida uma de suas obras preferidas, a biografia de Leonardo, escrita pelo russo Dimitri Merejkovski, livro que havia incluído entre "os seus dez mais" na enquete de um editor vienense (Conde, 1985; Chaves, 2015). Pode não ser muito, mas, entre outras poucas referências, o suficiente para as suas reflexões. É seu primeiro estudo biográfico e um dos textos mais criticados por psicanalistas (James Strachey), teóricos da arte (Henri Zerner) e artistas (Fayga Ostrower), por estar mais próximo da primeira tópica e pelo fato de que as hipóteses propostas se dirigiram mais ao fundo sem poder explicar a genialidade formal do artista, o que Freud considerava impossível (Kris, 1968; Jones, 1989).

Há referências à pobreza de fontes fidedignas e a erros de tradução, como confundir abutre com milhafre no que diz respeito à lembrança de infância de Leonardo, conforme contaremos a seguir (Conde apud Giron, 2007). Freud limitou-se – primeira tópica ainda ou valorização de tornar consciente o inconsciente – a uma aproximação entre dados vagos da biografia do autor e o resultado da obra através de muitas intuições imaginativas (Fuller, 1983).

A nossa ideia é destacar alguns trechos e nos determos em um dos assuntos principais do texto, o narcisismo, e a sua proximidade com a criação. O relato, publicado em 1910, tornou-se precursor na apresentação do termo, o que vem sendo mais valorizado do que a contribuição estética aqui desenvolvida. Interessa-nos ampliá-la e aproximá-los a partir de seus desdobramentos na clínica psicanalítica contemporânea: "A chave da arte é o narcisismo: ele é uma atividade regressiva e regrediente, repetição da atividade lúdica infantil, sublimação." (Kofman, 1996, p. 153).

O nosso primeiro objetivo é resgatar a importância do narcisismo para o bebê a partir de uma visão inter ou transgeracional, abertura que pode render para o processo criativo. Tema reincidente nas últimas décadas, as aproximações foram sugeridas pelo próprio Freud (1914a) no trabalho específico ao tema. O nosso segundo objetivo consiste na reflexão sobre a criatividade, aspecto também já presente em Freud. Integrar os dois objetivos, o mundo emocional do bebê e a criação artística a partir do fio vermelho do narcisismo é o nosso ideal estético mais do que de ego. Se não o alcançarmos plenamente, desejamos pelo menos deixar o nosso narcisismo apaziguado nos limites do objeto real. E poder terminar o capítulo, ao contrário do que faziam – ou não faziam – Freud e Leonardo, que agora nos inspiram.

De acordo com a classificação dos escritores Fernando Sabino e Guimarães Rosa, fazemos um reles biscoitinho diante das pirâmides monumentais de Da Vinci e Freud (1923a): já dissemos que criar é negociar com os ideais.[2] Em relação à pirâmide de Leonardo, o psicanalista tenta aproximar-se do processo criativo e suas relações com o universo psíquico da infância. Ele deseja estabelecer contatos entre a arte e a vida do artista, especialmente a partir das fantasias. Entre a arte e a psicanálise, Freud contribui com uma possível teoria da estética, segundo a nossa leitura. O seu esforço é suficiente para nos dar um norte ao considerarmos cada bebê um criador (artista); um, porque evoca os elementos poéticos das primeiras relações mãe-bebê (Stern, 1992);[3] dois, porque os bebês estão em plena ebulição de invenções, gestos, palavras, linguagem (neologismos), jeitos inéditos de estar com o outro no mundo relacional (Golse, 1999).

Freud remete-nos à nossa própria clínica: João, de 10 meses, é um "bebê que não dorme". A mãe, submersa em olheiras, com uma voz trêmula, descreve as noites em claro, a impotência, o desespero. De repente, suspende a queixa do filho e chora ao falar da morte de sua própria mãe no começo da gestação de João. Há uma sequência significativa: o bebê cantarola, brinca com os bichinhos de seu carrinho e, finalmente, adormece. Antes de retomar a sequência, observamos o cuidado de Freud com o estilo e o conteúdo. Mostra-se consciente do entusiasmo (*afeição especial*, como assinalava) pelo gênio inconsciente do artista italiano, dotado de uma autocrítica ferrenha (Quinodoz, 2007). Se Freud não chegou a queimar esses escritos como fizera em outras oportunidades, ele ao menos verbaliza os limites da sua criação.

Leonardo foi a última incursão extensa no terreno da biografia. A modéstia a cada entrelinha, nem sempre reconhecida pelos críticos, faz-se presente em linhas como: "Era um gênio universal cujos traços se

---

[2] Brincadeira descrita por Fernando Sabino ao se comparar, através dessas imagens, com o escritor Guimarães Rosa (*Jornal Zero Hora*).
[3] Em textos anteriores, como *Totem e tabu* e *O Moisés de Michelangelo*, o pai é que aparece em primeiro plano no papel atribuído ao artista (Rivera, 2002).

podia apenas esboçar, mas nunca definir." (Freud, 1910a, p. 73). No terreno aberto da arte (Eco, 1965), Freud soube com frequência não cair na armadilha do fechamento de definições e se manteve firme até o final da empreitada: "Gostaríamos enormemente de descrever o modo pelo qual a atividade artística se origina nos instintos primitivos da mente, se não fosse aqui, justamente, que nos falham nossas capacidades." (Freud, 1910a, p. 137).

Mais do que em outros textos "aplicados", havia uma intenção deliberada de decifrar os enigmas da estética, mas Freud considera-se novamente incapaz de compreender um talento. Mergulha no conteúdo sem conseguir apreender a forma, porém deixou pistas.[4] Somos contaminados pelo seu entusiasmo com os artistas como guardiões do inconsciente que o cientista tenta revelar. Buscá-los e não ceder aos argumentos objetivos da ciência a que se dedicava parece-nos um ato de coragem, capaz de aproximá-lo da subjetividade de seu objeto de estudo. Apesar dos limites (como a vida), a psicanálise conseguiu aproximar-se da estética.

Freud aproxima-se de Leonardo como quem escuta um paciente – daí o teor compreensível de muitas críticas – e se deixa banhar por seus mistérios: a incompreensão pelos contemporâneos, o duplo interesse e sucesso na arte e na ciência, a pobreza ou inexistência de vida sexual (*a feminina delicadeza*), que, a partir do estudo de seus desenhos, diagnostica a contragosto de muitos críticos. Ele também aborda a dificuldade de Leonardo em concluir um trabalho, o desprezo pelo seu produto final, a capacidade para o ócio, o exercício constante da indiferença e, sobretudo, as relações disso com uma infância marcada pela separação da figura materna e a necessidade de criar um novo vínculo com a segunda e legítima esposa de seu pai. A neurose, em certos aspectos, evoca um longo parágrafo.

De olho em nossos objetivos, uma afirmação desponta na primeira parte do texto: "O que ao leigo pode parecer uma obra-prima nunca chega a representar para o criador uma obra de arte completa, mas, apenas, a concretização insatisfatória daquilo que tencionava realizar [...]" (Freud, 1910a, p. 76). A ideia abarca a problemática do narcisismo e seus desdobramentos no começo das relações entre os pais e *sua majestade, o bebê* (Freud, 1914a), bem como a dificuldade em dar por finalizada uma obra de arte que também veio ao mundo para redimir o artista (*sua majestade, o texto*) de suas próprias limitações: "[...] o artista nunca consegue realizar

---

[4] A arte permite uma reunião da forma e do conteúdo, assim como a análise busca entre o afeto e a sua representação.

o seu ideal." (Freud, 1910a, p. 76). O artista e – acrescentamos – filhos e pais. Sabemos que o ideal de ego é herdeiro do narcisismo (Freud, 1923a). E haja narcisismo para suportar que nascemos condenados a permanecer aquém de um ideal jamais alcançado, seja na vida ou na arte! Havia em Leonardo o gênio da criatividade, acompanhado de um desejo insaciável de tudo compreender e pesquisar. Supomos que sejam frutos das relações de qualidade com a mãe biológica (Caterina). Com ela, teria feito a fantasia do abutre, conforme veremos em seguida. Ali teria havido um olhar materno inaugural, pleno de desejo (narcisismo a ser fomentado), ilusão e criação de alicerces como descrito por autores posteriores a Freud (Lacan, 1956; Winnicott, 1965). O tempo confirmou que somos feitos de sons, toques, olhares. A descrição da fantasia com o abutre,[5] símbolo miticamente sexual que o fustiga com a cauda nos lábios, presta-se à metáfora das primeiras relações mãe-bebê. Freud vê na cena uma felação (a cauda seria um pênis) e observa que o abutre era símbolo da maternidade no Egito, cuja cultura acreditava não haver machos na espécie. Por isso, teria se prestado a ocupar a fantasia de Da Vinci, um filho ilegítimo cuja realidade foi transportada para o mundo imaginário, com a mãe capaz de portar o falo, e o filho, de pôr em cena a amamentação.[6]

Muito além da ousadia interpretativa, irrompe a importância da relação mãe e filho. O ritmo, gênese de tudo, não teria sido economizado pela mãe no momento fundamental da existência do filho, o começo. Ritmo e olhar. O desejo de criar como reconstituição de prazer e resgate de bem-estar teria sido fixado para depois repetir-se: "Leonardo passou os primeiros e decisivos anos de sua vida, não ao lado do pai ou da madrasta, mas sim com a sua verdadeira mãe, pobre e abandonada [...]" (Freud, 1910a, p. 98). Pobre, sim, mas rica de um olhar capaz de engendrar a criação. O entusiasmo transmitido pelo olhar materno deflagra as primeiras experiências estéticas, atreladas à alegria de viver: "Que triste são as coisas, consideradas sem ênfase", cantou o poeta.[7] E, como reconhece Freud, precursor da importância das relações precoces, é imprescindível que a mãe seja afetivamente presente no momento inicial da vida da criança, marcado pelo ritmo, provável precursor das alegrias, das perguntas e da

---

[5] Pfister enxerga o abutre disfarçado no quadro *Sant'Anna, a Virgem e o Menino*, o que descreve como uma "charada-psicotórica" (apud Freud, 1919, p. 121).
[6] O mito da mãe fálica.
[7] Carlos Drummond de Andrade, *A Flor e a Náusea* (apud Cicero, 2017, p. 131).

criatividade. Ele defendia a ideia de que uma neurose se produz nos primeiros anos, depois se limita a reaparecer. Acrescentamos: uma neurose ou a criatividade como as de João, entre a insônia (neurose) e a criação (sonho, canção), conforme a mãe se oferecesse a ele. Ou olhasse para ele (Winnicott, 1965, 1971).

A certa altura, Freud (1908, 1920) compreende o caminho estético como próximo da brincadeira, conforme havia esboçado dois anos antes em *Escritores criativos e devaneio* e retomará, uma década depois, em *Além do princípio do prazer*:

> Na verdade, o grande Leonardo permaneceu como uma criança durante toda a vida, sob diversos aspectos; diz-se que todos os grandes homens conservam algo de infantil. Mesmo quando adulto, continuava ele a brincar, o que constituiu mais um motivo por que frequentemente pareceu estranho e incompreensível para seus contemporâneos. (Freud, 1910a, p. 132).

Ele situa a criação artística e científica como um dos destinos das pulsões, quando há uma verdadeira "expansão da personalidade" (Freud, 1910a, p. 133). A neurose como inibição de desejos e afetos – a reação fria e compulsiva de Leonardo com a morte da mãe – seria outro destino, e nos espanta o artista-cientista abarcar os dois. Mas não é assim com todos nós, meio criativos a partir do melhor do narcisismo parental e meio neuróticos a partir do pior?[8] "Não mais consideramos que a saúde e a doença, ou que os normais e os neuróticos se diferenciem tanto uns dos outros e que traços neuróticos devem necessariamente ser tomados como sendo prova de uma inferioridade geral." (Freud, 1910a, p. 136).

O "melhor" refere-se ao carinho e ao desejo ou amor (a ênfase, de Drummond) demonstrados pela mãe biológica, Caterina, depois retomados pela mãe adotiva, Dona Albiere, e a avó paterna: "Ella le esperaba hilando sentada en escalinata. Desde lejos le extendía los brazos. Él se precipitaba en ellos y la madre cubría de besos su rostro, sus ojos, sus labios, su cabellera [...]" (Merejkovski, 1953, p. 296). A leitura de Freud, baseado

---

[8] Relembramos o ineditismo da aparição do termo narcisismo a partir das reflexões de Freud sobre a suposta homossexualidade de Leonardo.

na biografia romanceada, sugere que foi esse o momento responsável pela capacidade de Leonardo criar na arte e na ciência. O "pior" refere-se às projeções do sofrimento daquela mãe:

> No seu amor pelo filho, a pobre mãe abandonada procurava dar expansão à lembrança de todas as carícias recebidas e à sua ânsia por outras mais. Tinha necessidade de fazê-lo, não só para consolar-se de não ter marido, mas também para compensar junto ao filho a ausência de um pai para acarinhá-lo. Assim, como todas as mães frustradas, substitui o marido pelo filho pequeno, e pelo precoce amadurecimento de seu erotismo privou-o de uma parte de sua masculinidade. (Freud, 1910a, p. 123).

Daí, talvez, a neurose que convive com a capacidade criativa, decorrentes da mesma fonte, um narcisismo de *sua majestade, o bebê*, ora com projeções benéficas, ora com projeções limitantes (Freud, 1914a; Cramer; Palacio-Espaza, 1993).

Para Freud, a fantasia com o abutre reflete o desejo de ser amamentado pela mãe. Para nós, a amamentação pode ser estendida ao desejo de estar junto e receber as chaves para (re)abrir as portas que levam às estradas do mundo exterior à mãe e às novas artes ritmadas. Ou posteriores a esse primeiro momento de alto teor estético muito além do objetivo alimentar, biológico. Estamos também falando de apego (Bowlby, 1951, 1978, 1979). Quem poderia apegar-se à arte sem antes à vida? Quem poderia sair mundo afora sem a mãe por dentro?

Nós, como leitores de Freud, estudioso de Da Vinci, sugerimos que, para o analista teórico e o prático artista, a produção estética está ligada ao ritmo, ao narcisismo e às primeiras relações mãe-bebê. Ali se abre uma hipótese importante na compreensão do fenômeno, situado entre o interior e o exterior (contexto com texto). Em definitivo, Freud não era um formalista. A arte viria do ritmo, do olhar e do começo, capazes de instaurar um conteúdo à espera de sua forma. Eles é que seriam retomados a cada momento criativo de uma transferência. O poético se presta para uma segunda chance das interações precoces: "Uma das ambições da poesia é exatamente desautomatizar a linguagem, a percepção do mundo e o pensamento, de modo a nos permitir apreender linguagem, mundo, pensamento como se fosse pela primeira vez." (Cicero, 2017, p. 142).

Depois que a mãe de João é ouvida e acolhida no seu desamparo, ela já pode olhar o seu filho com mais ênfase drummondiana. Artes à vista, tudo parece confirmar-se na capacidade de João criar objetos com o lego, 100 anos depois de Leonardo. Essas aproximações estão contidas no trabalho de Freud quando sugere a recriação do olhar inaugural na *Mona Lisa*, um dos quadros que analisa e cujo olhar até hoje continua atraindo o fascínio de muitos: "Encontrou a mulher que lhe despertou a lembrança do sorriso feliz e sensual de sua mãe [...]" (Freud, 1910a, p. 138; Rolland, 2016).[9]

Depois de muito perseguir o sorriso e o olhar feminino em outras obras, Leonardo alcança a enigmática expressão em seu quadro. Ao partir de suas lembranças e fantasias com a mãe, ele chega ao enigma e ao estatuto estético de uma arte, obra aberta. Ao analisar o quadro *Sant´Ana, a Virgem e o Menino*, o artista estaria tentando integrar a mãe e a madrasta. Mas não seria a necessidade do olhar fundador que ainda hoje os espectadores buscam (re)encontrar?

São precisas as descrições feitas por Freud do olhar ambíguo como a arte que vimos em Gradiva. Que olhar pode ser mais ambivalente do que o da mãe no pleno exercício da maternidade entre o fascínio e a tristeza, a dedicação e a renúncia, a euforia e a depressão, o luto e a vida, como a mãe de João?[10] A ambiguidade de Leonardo, deslocada para a Mona Lisa, está presente na ideia de uma infância dividida entre duas mães: Caterina, a biológica e afetiva, de quem se separou quando tinha entre 3 e 5 anos, tempo suficiente para ser olhado, e a madrasta, dona Albiere, estéril e afetiva, a esposa de seu pai. Haja carinho, engendrando o desejo de criar, considerado por nós, a partir de Freud, como a base dos ritmos, dos começos e da continuidade!

A seara freudiana nos permite a aproximação com dois autores interessados nos fenômenos estéticos da vida e da arte. Stern (1992, 1997) descreve as interações reais mãe-bebê dotadas de muito ritmo e qualidade afetiva.[11] Ele o faz de forma poética, descrevendo-as mais como o movimento de uma dança. É preciso estar junto com sintonia e afeto. Da sincronia e intensidade dos ritmos – harmonização afetiva ou processos de "estar

---

[9] Recordemos a identificação de Paul Ricoeur (2010a), também um órfão, com essa passagem da vida de Leonardo.
[10] Rilke, a partir de Rodin, considerava o olhar como a janela da alma (apud Merleau-Ponty, 2004).
[11] A arte é um meio de comunhão entre as pessoas, conforme Tolstói (2016).

com" –, resulta a capacidade do desenvolvimento de um bebê. E, claro, a criatividade. Trata-se de fenômenos ainda precoces, mas já capazes de deixar marcas na arte e na vida. O decisivo em termos de patamar a atingir é a qualidade desse encontro precoce, afetivo, empático, musical. Stern, além de pesquisador e psicanalista, tornou-se um respeitado consultor de coreografias para a Broadway, inspirando artistas como Bob Wilson.

Quanto à produção ulterior de arte em si, os fenômenos são bem descritos por Honigsztejn (1990, p. 9). Ele constrói uma psicologia da criação, aposta as fichas no ritmo e chama de "núcleos rítmicos" os eventos de uma boa relação mãe-bebê, fundamentais para nos tornar aptos a unir, criar, costurar:

> O criador diante da morte reencontra em si a serenidade dos primeiros tempos de sua relação com a mãe [...] e nasce do reviver do ritmo dessa relação, a obra que expressa a serenidade do bebê embalado no fluir de um tempo que não é cortado em passado, presente e futuro – um tempo em que flui o impulso à integração [...] (Honigsztejn, 1990, p. 9).

É como o balanço do mar, cuja repetição ao longo dos dias fará com que fique gravado depois em terra firme.[12] E vice-versa. Provavelmente aqui está a primeira experiência de beleza e de apreensão estética entre a mãe e o bebê. Freud deteve-se menos nessa relação – sua deficiência de autoanálise, segundo Peter Fuller (1983) –, fazendo-nos pensar que eventuais limites de sua reflexão sobre a estética podem estar aqui.

Quando o historiador da arte Ernst Gombrich (1999) refere-se à importância da satisfação oral na capacidade criativa, aproxima-se do construto de Honigsztejn e convém sublinhar que importantes psicanalistas contemporâneos relacionaram o tema da estética com o começo da vida e

---

[12] Tenho uma hipótese particular que desenvolvi em livro inédito – *O elogio do encontro* – por uma psicanálise de vínculos, relatos, melodias. Os núcleos rítmicos, vividos na contratransferência, podem ser resgatados e relançar uma identidade sonora, berço da identidade futura, atividade inaugural da psique, um esboço de representação, um pictograma – o poético, talvez –, ainda não de todo dizível (Aulagnier, 1979), em consonância com um significante enigmático (Laplanche, 1998), um envelope pré-narrativo (Stern, 1993). Há sensações cinestésicas já na vida intrauterina, capazes de representação simbólica do tipo som-e-música (Langer apud Meltzer; Williams, 1994). O analista, como um artista, pode imprimir um ritmo de ficção e verossimilhança em sua ciência.

as primeiras relações. Para Nakov (2012), a voz materna é o primeiro continente oferecido para o bebê, a primeira experiência estética do universo humano. McDougall (2008) pensa que a criatividade provém desse corpo erógeno das interações com a mãe e da maneira com que o funcionamento somático foi garantido na infância.[13] Chasseguet-Smirgel (1971) observa no ato criador uma reparação do objeto ou a posição depressiva (Klein, 1975). Ela destaca a criação como a chegada a uma experiência psíquica e física fundamentalmente boa, ligada à harmonia e ao ritmo com um triunfo sobre a angústia e a agressividade: "Escrever de verdade é falar do fundo do ventre materno.", cantou a escritora Elena Ferrante (2016, p. 123).

São marcas presentes no começo da vida de Leonardo e suas mães, tornando possível encontrar fontes de um estofo criativo como o dele em Freud e autores contemporâneos. Para Green (1994, p. 251), o processo artístico dá-se em torno do núcleo materno com investimentos narcísicos, deslocamentos e substituições como num sonho. A obra de arte é, afinal, um objeto narcísico: "O que é o incrível? O incrível, para o criador, é o núcleo materno, o núcleo da relação com o corpo da mãe [...] que tem de ser representado de outra forma, pelo trabalho da arte." (Green, 1994, p. 251).

Propomos que ritmo e desejo fundam o narcisismo primário, tornando-o *verdadeira Majestade* (Freud, 1914a), investido pela necessidade de que satisfaça sonhos e desejos que os pais não puderam realizar. Mais tarde, no melhor dos destinos, podemos deslocar esses sonhos e desejos não realizados para *Sua Majestade, a arte*, um espaço mais pessoal e menos contaminado pelas projeções parentais. Em nenhuma outra fase do ciclo vital, o narcisismo investe tanto no ideal quanto durante a gravidez e o puerpério. Essa é a hora em que mães e pais canalizam frustrações, principalmente não historiadas ou ainda sem arte, para a satisfação através do filho, que virá como redentor. O resultado pode ser frustrante, porque, entre o bebê imaginário e o real, há um abismo que fulmina o amor próprio e essencial para o desempenho do papel de pais (Freud; Lebovici, apud Gutfreind, 2010a).

Ali parecem estar os limites da vida de Leonardo, artista sem limites, quando a mãe, depois de ter deflagrado núcleos rítmicos suficientes para uma vida rica em abstração, passa a consolar-se ou compensar no filho o que lhe faltava concretamente, o marido. Os meandros narcísicos começam

---

[13] Tradução do autor.

a fechar possibilidades na vida depois de tê-las aberto na arte. Após a sobra do amor materno, pode ter faltado a lei de Édipo, da castração para a separação das individualidades e seus desejos: "O sorriso fascinante e familiar leva-nos a crer tratar-se de um segredo de amor." (Freud, 1910a, p. 124).

Também o que ainda falta de mãe em João é o que já faltava de mãe na mãe dele: "E a migração dos meus pais ainda não se acalmou dentro de mim",[14] escreve o poeta israelense Yehuda Amichai sobre a transmissão da dor e da neurose. Esperamos não estar explicando muito, e, sim, nos implicando nas relações entre psicanálise e arte, mas a hipótese, entre Freud e a nossa clínica, remete-nos a outros personagens do mundo da arte. Dante jamais tocou em Beatriz. Dom Quixote nem sequer conheceu Dulcinéia. Ao fazermos o exercício poético-ficcional de imaginarmos suas mães, nós as vemos capazes de deflagrar com pujança o sentimento em seus filhos, mas sem continuidade a ponto de que o sustentem e levem adiante para o ato:[15] "Durou a duração/o tempo desta vida/finda a qual voltamos/à arte de imaginar-nos".[16]

Aqui está presente o transgeracional que evocamos na introdução, quando um fascínio materno, depois de abrir possibilidades, restringe-as ao confundir necessidades de filho e mãe. O segredo é um dos carros-chefes do campo transgeracional, e conhecemos bem a importância de conhecê-lo (Abraham e Torok, 1995). A arte parece o que temos de mais eficaz para pelo menos nos aproximarmos um pouco mais do que é secreto, dolorido, fonte de neuroses. Ricoeur (2010a) faz um contraponto interessante: o sorriso da Mona Lisa corresponde a uma ausência simbolizável, um lugar vazio na realidade. Os traços reais se perdem para chegar ao fantasma. Em vez de decifrar o enigma, duplica-o, mais afeito à abertura da criação artística.

Há no olhar dessa representante materna uma sustentação diante da falta paterna. Leonardo teve duas mães e o nome do pai,[17] tardiamente reconhecido. A mãe, como a pintura e a paisagem, funciona como envelope – o quadro com suas margens –, lugar de acolhida de objetos na vida e na arte que surge como prolongamento materno, assim como os chistes

---

[14] Tradução do autor a partir da tradução inglesa de Ted Hughes (2006, p. 51).
[15] Seriam artistas e psicanalistas filhos de mães deprimidas? E não somos todos filhos de mães com síndrome de tristeza pós-parto?
[16] Do autor, fragmento do poema "Na medida da volta", do livro inédito *A arte que se baste*.
[17] Lacan, 1956.

e o humor já destacados. Mães e obras são o que podemos desfrutar de mais sólido, primeiro por fora e depois por dentro, verdadeiras fontes de paraexcitação. A leitura expressa que a visão estética freudiana é diferente da concepção habitual romântica da arte como fruto da dor, da morte e do sofrimento. Localizamos a sua origem onde a alegria e a gratificação aparecem. A criação nesse caso seria fruto de momentos de encontros felizes.

Estendemos a leitura à hipótese de que, embora não tenha faltado narcisismo suficiente para a criação de um artista genial, as carências para a construção de um vivente mais livre e realizado estavam explícitas nos fenômenos de uma separação precoce. Se houve olhar para acender a chama da ilusão e da criação, pode ter faltado para acolher a separação súbita e dolorosa, sem tempo para a elaboração dos percalços do desenvolvimento. Teria faltado continuidade para que o fogo crepitasse além e independentemente do objeto. O narcisismo deflagrado pode ter contraído as suas primeiras sequelas, tornando Leonardo incapaz de replicar na sequência da vida o que pôde realizar na arte dos começos. Um abismo entre os resultados obtidos por esta (a vida) e por aquela (a arte), já indelevelmente desenhado na qualidade das primeiras interações.

Em outras palavras, é possível supor que houve ritmo (Stern, 1997) e núcleos rítmicos (*Honigsztejn*) suficientes para a curiosidade e as subsequentes construções da arte e da ciência, porém insuficientes para a vida em si: "A mãe amorosa inicia no contato com o bebê, o 'holding'. Esse é para nós o berço fundamental do desenvolvimento que pode permitir ou não a existência de um criador verdadeiro em arte ou ciência." (Honigsztejn, 1990, p. 29). Ou, mais precisamente, a partir das palavras de Freud (1910a, p. 84): "Terá pesquisado em vez de amar.".

A mãe que oferece o olhar e o toque e banha o filho de sons. A mãe-retina, a mãe-mão, a mãe-prosódia:

> Minha mãe chamava a morte de ausência./E cantava a própria fala./O assunto do canto era/o que ia aparecendo na janela:/o menino, a menina, a velha./Não tinha censura no canto:/futebol, puta, esfomeado./Com ela aprendi que nada há/no mundo que não possa ser cantado.[18]

---

[18] Poema *Canto livre*, do autor (Gutfreind, C. *Hotelzinho da Sertório*. Porto Alegre: Secretaria Municipal da Cultura de Porto Alegre, 1991. p. 14. (Petit Poa, 7).

Entre as origens da estética podemos situar o berço de tudo lá onde a mãe destila esteticamente uma vida em canção.

Em termos de conteúdo, Freud (1910a, p. 136) retoma a importância de acolher a curiosidade da criança: "Leonardo surge da obscuridade de sua infância como artista, pintor e escultor devido a um talento específico que foi reforçado, provavelmente, nos primeiros anos de sua infância pelo precoce despertar do seu instinto escoptofílico.". Por mais que não se pronuncie sobre a gênese do talento, ele situa parte de sua origem na possibilidade de manter-se curioso e com desejo de seguir investigando a partir dos estímulos iniciais: "Não havia nada na natureza que não lhe despertasse a curiosidade e desafiasse a engenhosidade." (Gombrich, 2013, p. 221).

Sobre os limites da psicanálise na estética e fora dela, Freud também se pronuncia. Ele valoriza a influência da "constelação parental" no destino de uma pessoa, consciente do próprio veneno, e recomenda prudência ao alcance (explicativo) da sua ciência: "Deixamos, portanto, estas duas características de Leonardo que não podem ser explicadas pela psicanálise: sua tendência muito especial para a repressão dos instintos e sua extraordinária capacidade para sublimar os instintos primitivos." (Freud, 1910a, p. 140). Mas esse pode ser o desafio das vidas e artes, conciliar ato e criação, sexo e trabalho na grande síntese do amor. Muita mãe e pouco pai teriam provocado muita sublimação e pouco recalque em Leonardo, além da necessidade de saber e criar em detrimento de atender diretamente aos instintos sexuais, com a falta de capacidade para se adaptar à realidade (Freud, 1910a).[19] Encontramos uma analogia com o estudo de Dostoievski, realizado anos mais tarde e ao qual retornaremos. Em ambos há ênfase à importância da sublimação com mudança de objetivo da pulsão, um movimento do sexual ao não sexual como a base de um processo estético (André, 2008).

As relações entre vida e arte, tão afeitas aos poetas e críticos – vide Rimbaud, que, aos 16 anos, trocou essa por aquela –, foram interesse constante de Freud. Em *O mal-estar na civilização*, chamou a arte de indutora de suave narcose, fonte de ilusão e imaginação para chegar à felicidade na ancestral dualidade entre instintos e civilização, mas sem o

---

[19] Anzieu, no estudo sobre a psicanálise do gênio, entre os quais Shakespeare e Freud, forjou a expressão "complexo de Jocasta" para inserir um grupo de criadores com a mãe particularmente amorosa e estimulante e um pai menos presente (apud Guillaumin, 1998).

poder de fazer esquecer a miséria real (Freud, 1930a). À nossa leitura, ele coloca a psicanálise a serviço da realidade em um nível superior ao da arte, inofensiva e açucarada. Seus discípulos parecem concordar:

> A arte nos faz dormir, a psicanálise nos desperta; a arte nos acalenta, a verdade psicanalítica nos fere; ela consiste em tirar todas essas falsas aparências, essas compressas calmantes que a imaginação construiu para se defender de um contato por demais nu com o real. (Schneider apud Kon, 2014b, p. 132).

A máxima pode valer para Leonardo. Ele estaria fixado num amor que soube começar, mas foi incapaz de permanecer e terminar para que novos amores brotassem das cinzas do primeiro fascínio. Pode lhe ter faltado o que os sambistas brasileiros, Cartola e Elton Medeiros, ritmaram em samba: "Fim da tempestade,/o sol nascerá,/e dessa saudade/hei de ter outro alguém para amar".[20] A separação precoce não teria sido uma tempestade com direito a arco-íris, bonança de outro alguém para amar, e, sim, o trauma silencioso, condenando Leonardo a desviar da vida, mas capaz de mergulhar na arte que já estava ali. Aqui nos ocorre a afirmação do escritor Saul Bellow em conversa com o colega Phillip Roth, a quem disse que mesmo a arte tem limites e não preenche todas as lacunas da vida (apud Pierpont, 2015).[21]

Pode ter faltado a necessária castração. Freud descreve os meandros da gênese da homossexualidade com a ausência de um pai forte como fonte de identificação. Sobraria o amor de mãe(s), modelo do narcisismo, cuja quebra súbita e inesperada impediria a entrada suficiente de uma figura paterna (Lacan). Seria a arte de origem materna com o protótipo da mãe que canta para o seu filho, pelo menos para começá-la? Ela precisaria do pai para continuar ou conciliar-se com a vida? Sem respostas, mas desconfiamos de que faltou a Leonardo a necessária submissão à lei do pai: "Minha mãe beijou-me apaixonada e repetidamente na boca.", infere Freud (1910a, p. 113) sobre a fantasia do abutre. Pode ter faltado a lei exterior que suspendesse internamente os efeitos da fantasia sem que a

---

[20] *O sol nascerá*, 1973.
[21] Em *Um tipo especial de escolha do objeto nos homens*, Freud (1910b) sublinha a insuficiência da arte e sua incapacidade de representar a realidade de forma não modificada.

arte em si tenha sido prejudicada para começar, mas, sim, para continuar. Se houve sexualidade suficiente para o começo – o desejo de saber as origens como um pequeno Hans –, ela foi em seguida recalcada sem que pudesse expressar-se com maior naturalidade na vida em si (Freud, 1909a; Quinodoz, 2007; Gutfreind, 2008a).

Freud (1910a, p. 132) comenta: "Na verdade, o grande Leonardo permaneceu como uma criança durante toda vida [...]". Mas não seria a arte, pelo menos na concepção freudiana, próxima à infância? Uma possibilidade de voltar a ela, um acesso à permanência dos primeiros ritmos? Os dias felizes do romance familiar? A partir do diário de Leonardo, Freud mantém acesa a hipótese até o final, quando descreve a forma como o artista escreve sobre a morte de seu pai, detendo-se nos números mais do que nos afetos. Lembra-nos as patologias contemporâneas (narcisistas, do vazio) ao fazer uma interessante observação sobre o desinteresse de Da Vinci em relação às próprias criações: "Criava a obra de arte e depois dela se desinteressava, do mesmo modo que seu pai se desinteressara por ele." (Freud, 1910a, p. 127; Costa, 2010).

No final, retoma o paradoxo ao apontar o aspecto positivo da ausência capaz de engendrar menos repressão, inibição ou religião e mais desejo de aprender. Um paradoxo humano que talvez amenize o excesso de explicações. Ainda acompanhados por Freud, podemos dizer que Leonardo fora incendiado pelo desejo de fazer perguntas (pesquisas sexuais infantis) que se fez ulteriormente presente na arte com a retomada do olhar primordial, mas que não pôde se manter na vida e seu exercício sexual de fato. Estava irremediavelmente – até análise em contrário? – mais afeito à arte do que à vida.

Um erro de tradução (abutre em vez de milhafre) invalidaria o conjunto das ideias freudianas (Quinodoz, 2007)? Haveria limites na própria confusão de atribuir a uma lembrança de infância o que poderia ter vindo da escuta de um conto infantil (Schapiro apud Zerner, 1976; Adams, 1993)? O filósofo Merleau-Ponty (2004, p. 147) escreve: "A psicanálise não é feita para nos dar, como as ciências da natureza, relações necessárias de causa e efeito, mas para nos indicar relações de motivação que, por princípio, são simplesmente possíveis.".

Não ousaríamos alguma conclusão, mas podemos pensar que as possibilidades de uma vida digna e criativa se encontram nos caminhos das relações precoces, envoltas ao narcisismo dos pais.[22] Ali parece residir o potencial de arte e silêncio, vida (verdadeira) e morte (falso *self*) na almejada integração entre sentimento e pensamento, corpo e alma, arte e vida. Ali parece residir o potencial estético e vital, vida e arte unidas até o fim.

Assim nos aproximamos de Leonardo da Vinci, verdadeiro gênio da arte, banhado pelo amor de duas mães, porém indiferente aos gozos da existência, fulminado por separações precoces e a ausência paterna. Em nenhum outro texto freudiano, talvez, uma hipótese teórica sobre a origem da estética tenha sido tão desenvolvida. Ele próprio, imune às críticas, vangloriou-se como a única bela coisa que escreveu (apud Rivera, 2002). Mas nada disso passa de aproximações obtidas indiretamente, e tudo precisa ainda ser desvendado, sugerem-nos os mestres Freud a partir de Shakespeare ao mapear a nossa vã filosofia como incapaz de alcançar as coisas entre o céu e a terra, citado no final do artigo.

Claro que não alcançamos e seguimos na ignorância obscura entre a terra e o céu. Se não tivemos excessos e faltas suficientes para produzir um capítulo genial como as nossas fontes, esperamos pelo menos ter realimentado narcisismos e atingido algum ideal de sobra para, como nossos inspiradores, considerar o texto insuficiente e inacabado.

Que o sorriso de Mona Lisa nos contenha da incompletude dos começos para que continuemos em busca de mais conhecimentos sobre a arte e a vida. Que as aparições maternas dos primórdios possam permanecer sob a forma de uma arte viva depois de cada ausência elaborada pelos encontros ulteriores como a psicanálise. Com poesia: "Mãe lampejo/aparição súbita/cadente estrela/olhar na veia/toque na mão de mãe/depois some/no vento/triste/o resto a gente inventa".[23]

---

[22] A importância do narcisismo é destacada por Meira (2016) em sua pesquisa sobre as dificuldades da escrita psicanalítica.
[23] *Mãe lampejo*, poema inédito do autor.

6
A OCORRÊNCIA, EM SONHOS, DE MATERIAL ORIUNDO DE CONTOS DE FADAS (1913a)

> O sonho é mais forte que a experiência.
>
> Gaston Bachelard

Trata-se de um trabalho curto e menos conhecido, mas que teve para nós e a nossa clínica uma importância fundamental. Apesar do material literário contido nele, não é possível ler em suas linhas uma reflexão direta sobre a estética. É nas entrelinhas que extraímos nossas hipóteses. No breve relato de dois sonhos – o segundo é o clássico do homem dos lobos[1] –, Freud realça a importância dos contos populares na vida mental de muitas crianças e adultos. Eles assumem o papel de verdadeiras lembranças encobridoras ou aquelas aparentemente banais para a trama, mas que escondem outras, essas, sim, mais profundas (Freud, 1899, 1917a).

---

[1] Sete lobos brancos o espiam nesse sonho praticamente sem ação, conforme observa Freud.

Ele aproxima contos (objetos culturais) e sonhos (criações individuais) e sugere, à nossa leitura, a importância do sonhar para a criação estética. No primeiro sonho, aparece a relação da mulher com o marido a partir da imagem "rasgar em dois", extraída de um personagem do conto de Grimm que evocou o seu sogro. Mais do que os detalhes do relato, importa-nos a conclusão: "Rumpelstiltskin (o conto) também forneceu acesso ao estrato infantil, mais profundo, dos pensamentos oníricos" (Freud, 1913a, p. 307).

O segundo sonho teria sido igualmente estimulado, segundo o relato do próprio paciente, pelas histórias infantis e pela imagem do lobo na edição de *Chapeuzinho Vermelho* com a qual a sua irmã o assustava. De resto, Freud *à la* Freud disseca e interpreta cada detalhe, tentando aproximar os dois sonhos dos restos diurnos e das vivências com os pais. O que mais importa para nós é o quanto sonho e conto (arte) se aproximam na representação dos conflitos arcaicos.

É possível que hoje, 100 anos depois, os contos de fadas, apesar da sua riqueza imagética, já não alimentem tanto os sonhadores. Porém, é provável que outras fontes narrativas – séries, livros, novelas – tenham pegado o bastão de chegarem aos sonhos que vão chegar à representação dos conflitos. Delineia-se o trajeto: conto (arte)-sonho-representação, viagem almejada por toda arte e análise. Há muitos exemplos na clínica cotidiana, como o do adolescente deprimido que se enrodilha em si mesmo no divã. De repente, ele batuca e explica que entoa um ritmo. Batucamos juntos e da batucada acedemos às palavras que aludem à depressão de sua mãe que tanto influencia a dele no passado e no presente.

Outra adolescente enfrenta dificuldades com o pai. Ela o revela a partir do material de uma série televisiva. E assim por diante sempre que um material ficcional dispara uma lembrança encobridora que nos aproxima de um conflito inconsciente. Não parece haver outro jeito: somos arqueólogos de nós mesmos, e a arte se mostra um grande e seguro instrumento para as escavações. A breve leitura do texto é suficiente para deixar traços que sugerem com propriedade o quanto no fundo não somos seres diretos e o acesso total ao conteúdo mais escondido dentro de nós é impossível, embora o alcance de uma parte já seja decisivo. É o que nos conta a psicanálise, e o texto de Freud vai além: adentra a técnica ao expressar que o mingau da busca precisa ser comido pelas beiradas, um sonho aqui, um conto ali, um chiste acolá, um filme, uma leitura, uma pitada de humor, contando com o tempo para a elaboração. A verdade só se deixa apreender de forma disfarçada (Freud).

Não retomaremos em detalhes os sonhos que Freud descreve e interpreta, desculpando-se igualmente por não chegar aos pormenores. Em nosso fragmento de leitor, limitamo-nos a realçar dois aspectos principais e norteadores de nossas próprias hipóteses sobre a estética a partir dele:

1) Os contos populares representam os arcaísmos ou primórdios de nossa vida psíquica com temas como a devoração (primeiro sonho), a oralidade, a abertura da barriga (segundo sonho), as pulsões, a violência (Lafforgue, 1995).

2) As personagens oferecem representações das figuras parentais. Nas palavras do próprio Freud (1913a, p. 310):

Se, no caso do meu paciente, o lobo foi simplesmente um primeiro representante paterno – a relação ambivalente entre eles e o complexo de castração –, surge a questão de saber se o conteúdo oculto nos contos de fadas do lobo que comeu os cabritinhos e de Chapeuzinho Vermelho não pode ser simplesmente um medo infantil do pai.

As ideias estão na base dos estudos de Bruno Bettelheim (1976) sobre a importância das histórias infantis na vida mental das crianças e em inúmeros trabalhos ulteriores sobre a utilização terapêutica do conto, incluindo os nossos (Gutfreind, 2010b). Todos contam que apropriar-se de tramas simbólicas polidas pelos séculos e identificar-se com suas personagens permitiu uma elaboração psíquica e a possibilidade de representar de forma segura conflitos arcaicos ou pré-edípicos. Representar conflitos é o que mais almejam arte e psicanálise. As duas são *cases* bem-sucedidos desse desafio humano milenar.

Podemos encontrar reflexões parecidas em autores contemporâneos como Schneider (2008, p. 57), para quem a arte pode desfazer o trauma, transformar a "ferida" numa "paródia de invulnerabilidade" e promover o ressurgimento de lembranças que estavam inacessíveis (encobridoras para Freud). De qualquer forma, salientamos a importância que ele atribui aos recursos estéticos como capazes de representar a nossa vida mental arcaica, primordial, secular. Arte e psicanálise navegam no mesmo barco, cujo objetivo é conter e envelopar para nomear os mais recônditos não ditos. Permitir dizer com propriedade e sentimento. O objetivo maior é este, e ambas se ocupam de que possamos fazê-lo. Expressar é a cura, segundo o que faz a arte. A psicanálise acompanha e a toma de exemplo. É a essência de artista, público, analista, analisando.

O texto foi fundamental para nós. Embora nunca o tenhamos encontrado em antologias de psicanálise aplicada, ele está elencado na nossa. Exemplos clínicos não faltam: Um dia, na sessão de grupo do abrigo parisiense, uma criança separada de seus pais relatou um sonho. Ela acordou em Ajaccio, a sua cidade natal, na Córsega. Estava sozinha na beira da praia, e um navio aproximou-se. Ao ancorar, o som de um alto-falante revelou que havia dentro só um tripulante. Era o lobo, que desceu e bradou para ela: "Meu almoço foi teu pai e tua mãe, agora serás a minha sobremesa".

O sonho foi essencial para o grupo. Ele desencadeou, através de uma espécie de aparelho psíquico grupal (Kaës), novos sonhos focados na representação de fantasias relacionadas à situação em comum de separação, vivida por aquelas crianças. Chegávamos ao nosso objetivo maior: promover a representação do sofrimento. A forma e o conteúdo do conto contribuíam muito com isso (Gutfreind, 2010b).

Freud dialoga com outros trabalhos de sua autoria, entre mais conhecidos e menos. Em *Os sentidos contrários nas palavras primitivas*, aproxima idiomas antigos com o sonho e mostra o quanto essa oposição com seus sentidos contrários aparece nos dois campos. A relação com o material arcaico também é feita aqui (Freud, 1932a). Interessa-nos a aproximação com o material dos contos, outra fonte importante para o acesso dos primórdios, tarefa em comum do artista e do analista, dois contadores de histórias, essas vias mais eficazes para chegar aos conflitos. Narrativas abertas, os contos são poéticos, e a poesia, com as suas "origens psicofísicas primitivas", presta-se à representação dos começos da vida psíquica (Vygotsky, 2006, p. 299), objetivo maior e em comum da arte e da análise.

Interessa-nos voltar. Voltar para conhecer, reconhecer e relançar-se à vida psíquica e exterior. Para artistas e analistas, contos e sonhos, com a sua linguagem feita de segredos encobertos pelo símbolo, são hábeis e excelentes, senão os únicos meios de transporte.

7

O MOISÉS DE MICHELANGELO
(1914b)

> O verde civilizou-lhe
> parcialmente a fé irada.
>
> Armindo Trevisan

Freud era apaixonado por arte, em especial literatura e escultura; pintura, nem tanto, e música, menos ainda.[1] Adorava *O Moisés de Michelangelo* e viajou várias vezes para contemplar a obra na Igreja de San Pietro in Vincoli, de Roma. Moisés constitui um fragmento da tumba gigantesca que o artista erigiu no século XVI para o Papa Júlio II.[2] O ensaio de Freud é fruto de uma contemplação *in loco* a partir de sucessivas viagens. Ele

---

[1] As preferências estéticas de Freud seguiam esta ordem decrescente: poesia, escultura, arquitetura, pintura e, finalmente, a música. A preferência e o conhecimento maior de criadores literários eram inegáveis (Jones, 1989).
[2] Interessante observar a contemplação continuada de Freud, o que nos evoca o embate analítico no combate à repetição do traumático em busca da instauração do novo.

conhecia a escultura em detalhes. Compartilhou com Jones diversas vezes a sua admiração e teve como referências um livro de Lloyd, entre outros.

O texto foi escrito no contexto de vida marcado por grandes dissidências, como as de Rank, Adler e Jung, como veremos mais adiante. Freud estaria, desde o princípio, identificado com Moisés no esforço da vitória sobre as paixões e os impulsos em momentos afetivos mais difíceis. Inicialmente anônimo – o único assim publicado e do qual o autor parecia se sentir bastante inseguro –, inclui-se entre a parte principal do seu espólio sobre arte, um verdadeiro trabalho de decifração de uma obra a partir do receptor (Freitas, 2006).

Freud detém-se na análise dos elementos técnicos e formais da escultura. Ele aprofunda as reflexões a partir do estudo de um caso sem maior ênfase na psicologia individual.[3] Talvez, por isso, tenha gerado menos controvérsias do que Leonardo. Considerações convergem nesse ponto. Há análise da utilização do mármore sem alusão explícita à sexualidade ou ao complexo de Édipo (Chaves, 2015). Mais do que analisar, Freud está de olho no rol de sensações que o encontro com a estátua lhe proporciona (Dionísio, 2012).

Em Leonardo, havia mais respostas ou vendas casadas entre a vida do artista e o resultado da obra (o estudo patográfico), mas aqui há muito mais perguntas: "Em boa verdade, o método usado por Freud nesse escrito nada tem a ver com a psicanálise; tem a ver, sim, com o modo de ver e pensar a arte [...]" (Fuller, 1983, p. 60). Daí também o interesse para o nosso estudo. Havia pormenores sexuais em torno da homossexualidade de Michelangelo, mas Freud não fez uma psicografia como no estudo sobre Leonardo. Com este, Freud foi criativo e imaginativo, enquanto aqui se mostrou mais objetivo e científico (Fuller, 1983, p. 51). Em Leonardo, foi ficcionista, em Michelangelo, cientista. Em Leonardo, esteve de olho no quantitativo; em Michelangelo, na plasticidade e no qualitativo. Propõe aqui uma narrativa aberta, menos insofismável, mais analítica.[4] Mesmo que se mantenha com um ponto de vista clássico da expressão, mais de olho no conteúdo do que na forma, há flagrantes esforços de analisar

---

[3] Estudos psicológicos sobre Michelangelo, como o de Steinberg, que aponta aspectos como a presença paterna, ao contrário de Leonardo, foram ulteriores a Freud (apud Adams, 1993).
[4] A aplicabilidade clínica disso é enorme, pois permite ao analista tornar-se um leitor menos linear, mais singular e aberto para um verdadeiro acesso ao inconsciente.

cientificamente a obra a partir de um método morelliano[5] e influenciado por Ernst Brücke, pesquisador, professor de fisiologia e um modelo para Freud[6] (Coblence, 2005).

Ele acaba fazendo uma obra aberta sobre outra obra aberta, mais de olho na natureza do que na psicologia. Sem aceder a ela de modo direto e redutor, mas naturalmente, aprofundando-se como uma arte. Michelangelo foi considerado o maior entre os que fizeram a revolução artística no passado. Ele deixava as obras inacabadas como uma forma, talvez, de aumentar a parceria com o espectador. Por isso, foi considerado o precursor da obra aberta (Trevisan, 2016).

Gagnebin (1994), crítica literária e estudiosa das relações entre Freud e a estética, sugere que priorizemos os estudos da obra, do personagem Moisés, e não do homem Leonardo. Aqueles são bem mais frutíferos, com múltiplas interpretações históricas, estéticas, e o interesse mais voltado ao expectador do que ao autor. Que o digam as diversas e contraditórias interpretações recolhidas por Freud sobre a posição e as intenções de Moisés, conforme esculpido pelo artista. Há uma verdadeira escuta analítica de olho na forma, no ato falho, no lapso, no chiste, no aparente descuido. Ele esteve mais afeito ao objeto ou à obra de arte em si (Regnault, 2001). Os conteúdos que viessem depois, frutos da contemplação. Como em uma arte não artificial. Como em uma análise não silvestre[7] (Freud, 1910b).

Com a nossa leitura, buscamos uma análise estética, nem que nas entrelinhas, embora o texto comece com reflexões explícitas em suas próprias linhas:

> Posso dizer de saída que não sou um conhecedor de arte, mas simplesmente um leigo. Tenho observado que o assunto obras de arte tem para mim uma atração mais forte que suas qualidades formais e técnicas, embora, para o artista, o valor delas esteja, antes de tudo, nestas. Sou incapaz de

---

[5] Referente ao esteta Morelli, como veremos.
[6] Peter Fuller (1983) sublinha o desinteresse de Freud pela Vénus de Milo, expressado em carta à noiva, Martha, o que interpreta como a prioridade do conteúdo, a relação pai e filho, presente no Moisés em detrimento de mãe e filho, presente na Vénus.
[7] O caráter silvestre, além do aspecto conhecido de estar fora do enquadre, pode relacionar-se a uma ânsia explicativa que prevalece sobre a abertura de sentidos.

apreciar corretamente muitos dos métodos utilizados e dos efeitos obtidos em arte. (Freud, 1914c, p. 217).

Depois de reconhecer os limites formais, ele pede indulgência ao leitor, mas já se lê nessas linhas o quanto Freud não negligenciava a importância da técnica e das leis para a arte em si, ênfase maior do seu estudo sobre Moisés. Ele parece interessado no efeito que a obra exerce nas pessoas, um verdadeiro enigma. Deseja explicar a intenção e confessa a dificuldade da tarefa. Freud, o intérprete da alma humana, parece render-se ao mistério e manter a prioridade dos afetos em relação ao intelecto, aspecto em comum do artista e do analista: "Entendo que isso não pode ser simplesmente uma questão de compreensão *intelectual*;[8] o que ele (Michelangelo) visa é despertar em nós a mesma atitude emocional, a mesma constelação mental que nele produziu o ímpeto de criar." (Freud, 1914c, p. 218).

Uma visão aristotélica, e o estudo do Moisés consiste na primeira experiência mais específica e aprofundada da relação entre arte e psicanálise. Freud busca o não dito, o não visível, os enigmas. Ele o faz com uma leitura relaxada, a atenção flutuante, a mesma que o esteta Morelli buscava nos métodos de investigação através de um olhar descentrado para perscrutar o secreto, o oculto, os pormenores, como busca o analista (Frayze-Pereira, 2004, 2005). Ainda que reconheça os seus limites, Freud segue obstinado em "explicar" o processo artístico à luz da psicanálise. O foco é estético: "Mas por que a intenção do artista não poderia ser comunicada e compreendida em palavras, como qualquer outro fato da vida mental? Talvez, no que concerne às grandes obras de arte, isso nunca seja possível sem a aplicação da psicanálise." (Freud, 1914c, p. 218).

Em contradição à humildade do início, ele mostra a pretensão de uma colaboração maior da sua ciência à estética. O que leremos em seguida é fruto de uma análise interior da obra em si e a pertinência da psicanálise na compreensão do fenômeno. Por um lado, Freud afirma:

> Para descobrir sua intenção (do artista), contudo, tenho primeiro de descobrir o significado e o conteúdo do que se acha representado em sua obra; devo, em outras palavras,

---

[8] Em itálico no original.

ser capaz de *interpretá-la*.[9] É possível, portanto, que uma obra de arte desse tipo necessite de interpretação e que somente depois de tê-la interpretado poderei vir a saber por que fui tão fortemente afetado. (Freud, 1914c, p. 218).

Ele ratifica a importância de buscar interpretações e fazê-las dentro da própria obra como fará. Por outro lado, está interessado no efeito psicológico junto ao receptor e a ele se dedicará. Isso talvez "explique" o fascínio que a psicanálise vem exercendo desde os primórdios nos grandes artistas, mais afeitos a pensar sobre o mistério e o disfarce de suas obras do que a explicar a si mesmos. Freud pode tê-los encantado por fazer sentido às suas complicadas e desconhecidas intenções. Aqui pode ter reverberado mais do que inúmeras correntes estéticas existentes em seu tempo – e mesmo antes e depois –, por ter sido menos formalista do que elas. Ele, afinal, atendia a um desejo de compreensão da pessoa, pisando a lama da alma.

Por mais que tenha limites, a psicanálise é um método voltado à palavra, e ela também consiste em forma. Em alguns momentos, deixou a desejar confessadamente um conhecimento maior sobre a natureza das técnicas empregadas, mas pôde com frequência reverberar no conteúdo humano e encantar artistas profundos como um Joyce, um Breton, um Buñuel.[10] Freud aponta que o desvendamento do complexo de Édipo colaborou com a compreensão de Hamlet, muito além do "esplendor de sua linguagem". E, desde o início, enfatiza a subjetividade da obra que analisa: "A simples interpretação da figura deu origem a pontos de vista completamente opostos [...]. Baseando-me num ensaio publicado há apenas cinco anos, estabelecerei primeiro as dúvidas que se acham associadas a essa figura de Moisés [...]" (Freud, 1914c, p. 219).

Há um certo ineditismo na continuação de sua análise. Leremos menos noções como o complexo de Édipo do que uma revisão de estetas que se debruçaram na compreensão das formas e dos movimentos da figura.

---

[9] Em itálico no original.
[10] O ficcionista Ricardo Piglia (2004) refere o quanto James Joyce aprendeu com Freud de técnica narrativa (fluxo de consciência, monólogo interior, etc.). Na literatura brasileira, a psicanálise abriu possibilidades estilísticas na obra de Guimarães Rosa (Rivera, 2005). São casos em que observamos uma proximidade entre literatura e psicanálise, principalmente na abertura para pacientes e analistas se deixarem vagar por "mundos possíveis" sem saturar o sentido e experimentando prazer nas interpretações (Ferro, 2000, p. 120).

Freud junta-se a eles, revisando-os, criticando-os, tentando encontrar a sua própria interpretação. Realça a divergência de opiniões entre os críticos, foca a sua lente em pormenores da posição de Moisés no espaço e do significado do momento que o artista captou. Freud aproxima arte e circunstância. Sem retomar os detalhes, interessa-nos uma pergunta que ele faz a respeito da divergência de opiniões: "Teria então a mão do mestre realmente traçado na pedra uma mensagem tão vaga que torna possível tantas leituras diferentes dela?" (Freud, 1914c, p. 221).

Lemos no trecho outro momento em que Freud sugere para chamar de arte a abertura a diversas leituras. A maioria dos críticos revisados, incluindo ele próprio, vê figurada na obra o episódio em que Moisés teria descido do Monte Sinai, depois de receber de Deus as Tábuas da Lei, e percebido que o povo havia feito um Bezerro de Ouro para adorar. Um povo desviado de sua tarefa e rendido às tentações. O espetáculo teria despertado fortes sentimentos em Moisés, captados na estátua pelo artista. Nas páginas seguintes, Freud se dedica a essa hipótese, retomando exaustivamente as leituras principais e confrontando com elas as suas próprias ideias. O confronto nos faz pensar que uma obra é vaga e permite que cada receptor a interprete conforme as suas próprias necessidades (Bettelheim, 1976). Quando verdadeira, parece interminável e aberta a projeções que o espectador empreende a partir do seu próprio olhar (Ricoeur apud Frayze-Pereira, 2005).[11]

Em Moisés, há sentimentos de raiva e desprezo que Freud reconhece também sentir a partir da tentativa de decifrar significados na forma como o artista dispôs a sua figuração. Para ele, o "sentimento estético pertence à esfera do vivido", com o olhar inquietante que toda obra de arte lança como desafio (Frayze-Pereira, 2005, p. 80 e 91). Se substituirmos obra de arte por análise – obra entre vidas –, estamos na mesma seara. O que mais fazemos do que vestir iras, envelopar raivas, criar algo próximo do estético com os sentimentos acolhidos e nomeados?

Freud está perdido diante da obra como analista e analisando diante de seu encontro. Ao tentar encontrar-se, diagnostica que o Moisés de Michelangelo deteve a fúria, dominou a tentação de explodir e renunciou à satisfação de seus sentimentos. Recalcou, enfim, e o terreno para desfa-

---

[11] "A faculdade de julgar se refere simplesmente ao sujeito e não produz por si só quaisquer conceitos de objetos." (Kant, 2017, p. 25).

zer o recalque em busca de outro destino para a pulsão que o originou é comum ao trabalho do artista e do psicanalista. Eles buscam alternativas menos neuróticas.[12] Freud localiza ali um protótipo da criação artística. O trabalho do analista aproxima-se do trabalho do artista, quando, para cada encontro – espectador-obra, analista-analisando – cria-se um novo olhar e novas interpretações. Aqui Freud é precursor da estética da percepção (Kristeva; Green apud Frayze-Pereira, 2005).

As ideias remetem à pesquisa clínica que fizemos com crianças separadas de seus pais em abrigos de Paris e região parisiense. Utilizamos o conto tradicional como mediador de uma psicoterapia de orientação analítica em grupo. Os símbolos oferecidos eram investidos de forma particular de acordo com cada criança e as lacunas de sua história. A arte, nem que em parte, preenchia. O lobo era o pai para Anne, a mãe para Cecile e a morte para Odile, que havia perdido o pai (Gutfreind, 2010b). Para todas elas, ele era uma forma de representar ira, dor, tristeza.

Outro trecho chama-nos a atenção logo em seguida:

> Não se pode negar que há algo de extraordinariamente atraente em tentativas de interpretação do tipo efetuado por Justi e Knapp (estetas que Freud está revisando). Isto porque elas não se detêm no efeito geral da figura, mas se baseiam em características isoladas, as quais geralmente deixamos de notar, esmagados pela impressão total da estátua e, por assim dizer, paralisados por ela. (Freud, 1914c, p. 223).

A frase é contundente. Ela mostra que Freud está atento ao todo enquanto frui e tenta "explicar" uma obra de arte e a capacidade do artista de reter aquele momento. Ainda em busca da compreensão, ele não se detém na explosão de cólera de Moisés retratado em Michelangelo, mas na representação de certo tipo de personalidade:

> Esse caráter geral da figura é ainda acentuado pela enfatização do conflito que não pode deixar de surgir entre

---

[12] A religião também retém afetos, mas lhes dá um destino mais dogmático e menos aberto do que a arte.

esse gênio reformador e o resto da humanidade. Emoções de ira, desprezo e sofrimento estão nele representadas. Sem elas, não teria sido possível retratar a natureza de um super-homem desse tipo. Michelangelo criou, não uma figura histórica, mas um tipo de caráter corporificando uma inesgotável força interior capaz de domar o mundo recalcitrante; e deu forma não apenas à narrativa bíblica de Moisés, mas às suas próprias experiências internas [...] (Freud, 1914c, p. 226).

O parágrafo ganha pertinência ao destacar o quanto Freud valoriza na arte a capacidade de representar emoções, sentimentos e transcender a realidade. Longe de ser uma limitação, abre espaço para a expressão do mundo interno do artista e para a identificação com o público. O ponto de vista aproxima a criação artística e a psicanálise, interessadas na representação dos afetos e na revisão das identificações. O trabalho de representar, simbolizar e elaborar aproxima psicanálise e estética como potencialmente capazes de uma resistência à destruição. De um lado, a força própria do objeto para sobreviver; de outro, os ataques destrutivos que sofre. Em vez de se deixar destruir pelo difícil afeto, há o recurso de uma representação. Na arte e na análise (Dionísio, 2012).

Freud faz uma aproximação significativa entre o trabalho de um crítico russo (médico) dedicado ao estudo de obras falsificadas e a psicanálise:

Parece-me que seu método de investigação tem estreita relação com a técnica da psicanálise que também está acostumada a adivinhar coisas secretas e ocultas a partir de aspectos menosprezados ou inobservados, do monte de lixo, por assim dizer, de nossas observações. (Freud, 1914c, p. 228).

Aqui expandimos a dupla do crítico e do psicanalista para um trio com a inclusão do artista que encontra o ouro da expressão ao reordenar material do próprio lixo: há artistas que trabalham com a sucata, de onde, de forma metafórica, vem a matéria-prima de todos eles. Da sucata da alma. Da alma sucateada. Do inconsciente.

Freud aprofunda a análise e se detém em detalhes como a posição de Moisés, seus movimentos, braços, dedos, a barba. Não nos interessa retomá-los, senão para testemunhar o trabalho de aprofundamento da forma para analisar o conteúdo de um afeto: no original, constam até mesmo três desenhos que encomendou a um artista para repensar os seus propósitos: "Que consideração formal teria levado Michelangelo a colocá-las (as tábuas) em tal posição? Ou esse pormenor também não foi importante para o artista?" (Freud, 1914c, p. 231).

Mais perguntas do que respostas em torno de uma solução para os enigmas da forma. Depois das análises, Freud questiona a fúria de Moisés, apontada pelos críticos, e conclui que a emoção provavelmente foi reprimida. Mas como confrontar o Moisés que ele vê com o da própria Bíblia, cujos trechos são retomados no texto e ratificam a fúria do herói...:

> Este Moisés deve ser um homem inteiramente diferente, um novo Moisés da concepção do artista, sendo assim, Michelangelo deve ter tido a presunção de emendar o texto sacro e falsificar o caráter daquele santo homem. Poderemos imaginá-lo capaz de uma audácia que, quase se poderia dizer, aproxima-se de um ato de blasfêmia? (Freud, 1914c, p. 235).

A ideia é cara ao objetivo de perscrutar o Freud esteta. Há uma confluência com outras já apontadas em reflexões sobre as relações entre os escritores e os devaneios ou entre o artista e a criança que brinca. Lemos a abertura para construir com mais liberdade um mundo próprio, outro paradigma da estética freudiana, conforme veremos em *Além do princípio do prazer* (Freud, 1920). A arte e a psicanálise viriam dessa liberdade de expressar a blasfêmia, da capacidade de disfarçar com a linguagem, criar um mundo pessoal e livre para dizer o não dito (a poesia, segundo Gullar) até encontrar aqueles que vão se identificar com ela. Isso é conseguido através da forma que o psicanalista tenta dissecar.

Michelangelo soube ver o disfarce de sentimentos diante do povo idólatra e conseguiu criar um personagem novo. Há quem o compare ao próprio Freud, identificado com Moisés como o arauto das novas tábuas da lei (psicanalítica) diante da revolta dos filhos (Jung).[13] Jones (1989) também acredita que ele estaria identificado com os desobedientes dian-

---

[13] Freud publicou o texto anonimamente, quase 13 anos depois de havê-lo escrito.

te da imagem do pai. Ele se refere a um episódio em que Freud, aluno ainda, chegou atrasado a uma aula do professor E. Brücke, recebeu uma reprimenda e sentiu-se fulminado pelos olhos azuis do mestre, imagem que jamais se apagaria da sua memória.

A ambivalência em relação ao próprio pai pode ser aventada. Sabemos, desde a autoanálise de Freud, o quanto ele nutria sentimentos ambíguos diante de um pai que admirava e de quem, ao mesmo tempo, se envergonhava, como no episódio da humilhação que este sofreu ao ter o chapéu jogado na lama por um antissemita (Freud, 1900; Adams, 1993). Haveria assim um disfarce de sentimentos em Freud, o *judeu infiel*,[14] numa cadeia que inclui Michelangelo e seus afetos diante do Papa Júlio II e continua com Moisés junto ao povo idólatra até encerrar-se com o próprio Freud e seus filhos revoltados, Jung e Adler. Todos estariam enraivecidos pela traição de seus discípulos. Mas a vida enraivece em suas faltas ou lacunas. A arte pode ser uma via disfarçada e eficaz de lidar com a renúncia às pulsões, constituindo-se em saudável destino para elas. Trata-se de uma de suas funções, explicitada à nossa leitura como outro protótipo freudiano da criação estética.

Ferenczi (apud Conde, 1985) havia escrito sobre o quanto as dissidências de Freud com colegas faziam-no mais próximo do Moisés histórico do que o de Michelangelo. Ele está tão interessado na escultura em si como em seu recurso catártico para encontrar alguma saída criativa diante da raiva profunda.[15] Freud também elaborava a ira através da arte – a escultura e o texto sobre ela – a fim de não se deixar levar pelas deserções e conservar as novas ideias como o modelo para as "tábuas da lei". Como Moisés. Psiquicamente, é preciso conter, elaborar, envelopar o conteúdo dos afetos mais difíceis. Arte e psicanálise se prestam para isso.

Se Michelangelo recria o Moisés histórico da Bíblia, criação já aberta a infinitas interpretações, Freud recria o Moisés do Michelangelo. E assim por diante a cada encontro de um receptor com sua arte ou de um paciente com o seu analista. Ele descarta interpretações unívocas: "Se houvermos partilhado o destino de tantos intérpretes que pensaram perceber muito claramente coisas que o artista não pretendeu, nem consciente, nem inconscientemente? Não posso dizer." (Freud, 1914c, p. 239).

---

[14] Regnault, 2001.
[15] Tradução do autor.

Ao nos aproximarmos do final do texto, Freud retoma essa eventual limitação de sua análise:

> Mas, e se ambos nos tivermos extraviado [Freud e um crítico que lhe serve de fonte] por um caminho errado? Se houvermos tomado de maneira demasiado séria e profunda uma visão de detalhes que nada são para o artista, detalhes que introduziu de modo inteiramente arbitrário ou por razões puramente formais, sem nenhuma intenção oculta por trás deles? (Freud, 1914c, p. 239).

Final significativo. Freud abre portas para o mundo estético. Retoma o aspecto vago e aberto da arte desde Umberto Eco a Bruno Bettelheim e a Drummond com a imagem precisa de que olhamos a verdade de acordo com a nossa própria miopia. Evoca a estética da recepção tão em voga nos dias de hoje para situar cada obra como a expressão de uma fantasia do criador e capaz de reatualizar as fantasias pessoais de cada espectador (Goldman apud Anzieu, 1997; Frayze-Pereira, 2001; Andrade, 2012):[16]

> Finalmente, é o ato de leitura que finaliza a obra, que a transforma num guia de leitura, com suas zonas de indeterminação, sua riqueza latente de interpretação, seu poder de ser reinterpretada de maneira sempre nova em contextos históricos sempre novos. (Ricoeur, 2010a, p. 205).

André Green (1994, p. 18) mantém a coragem de afirmar que um leitor quando associa e um analista quando interpreta estão delirando como um paciente: "A interpretação psicanalítica tira o texto da sua trilha (delirar = colocar fora da trilha). O analista desliga o texto e o 'delira'". Em sentido oposto ao delírio, na mesma busca de ligações, perscruta-se um núcleo possível de verdades. Analista e artista o fazem com mais propriedade do que o psicótico. Eles, afinal, "sabem" o que estão tentando construir, embora o conteúdo delirante seja o mesmo: "Meu núcleo psicótico é

---

[16] "O espectador faz o quadro.", segundo o pintor Marcel Duchamp (apud Paz, 2014, p. 60). Kant (2017) já evocava a importância da receptividade do sujeito.

aglutinado, sei direitinho o que se passa", conforme escreveu o poeta.[17] Freud (1914c, p. 229) também está consciente da parceria presente entre autor e leitor, paciente e analista: "Não tenho ilusões quanto à clareza de minha descrição e não me aventuro a opinar se o escultor realmente nos convida a resolver o enigma desse nó na barba de sua estátua." (Freud, 1914c, p. 229).

Ainda que ratifique a correção de sua interpretação em um pós-escrito, 13 anos depois, Freud separa no final as intenções do autor das percepções que faz como leitor e percebe na arte esse alcance tão desejado: a generosidade profunda de oferecer-nos um mundo incompleto que preencheremos, pelo menos em parte, a partir de nossas emoções e necessidades. Estar aberto a preenchê-lo é tarefa da arte. E da psicanálise. Analista e paciente vivem um constante destrinchar do que é de um e de outro, vivido na transferência, e, para isso, enfrentam cada vazio. O vir-a-preencher é a cura. Que as sucessivas gerações tentem completá-lo. Assim na arte, assim na análise.

Sempre de olho nas relações com a prática clínica, ocorre-me uma vinheta: o intervalo entre um paciente e outro era razoável, mas não muito. Intoxicado do drama do primeiro (manifestamente uma adição), corri para ver os *e-mails*, mesmo sabendo que não daria tempo e a necessidade maior – a primeira, não a derivada – era beber água, comer algo, alongar-me e abrir espaço para o segundo paciente. Entre as mensagens, avultou um convite interessante para quem me convidava e não para mim: uma palestra que me daria muito trabalho e nenhuma remuneração simbólica ou concreta. A resposta travara no meio da língua – a paralítica, de Augusto dos Anjos –, mas não dava tempo de formulá-la, pois chegou a hora do próximo paciente. Ela, uma mulher adulta, retomou as queixas do marido, mas eu estava intoxicado da mensagem interrompida sem a devida resposta e que não me saía da cabeça por mais esforços que eu fizesse. Eu atribuía as dificuldades ao primeiro paciente, um jovem, e agora precisava me desintoxicar de sua angústia. Era uma autêntica contratransferência (ou duas) e demandaria muita energia até que eu pudesse salvar um tempo frutífero para o novo encontro.

---

[17] Não consegui encontrar a fonte exata do poema de Francisco Alvim, o que considero passível de ser acolhido em um livro mais de arte do que de ciência.

Preciso aumentar o tempo dos intervalos – pensei –, espargir o que pode haver de adito entre mim e os pacientes. Lembrei-me de Green (2011) e suas observações sobre a voracidade dos analistas e seu efeito nefasto na redução das pausas entre consultas. Repassei alguns momentos de adição em minha infância, quando abusei do fliperama por me sentir distante de meus pais. Isso incluiu vasculhar as relações deles com os seus próprios pais, já que meus avós eram responsáveis por mim durante aquelas férias na praia. Tudo funcionou razoavelmente em termos de metabolização de sentimentos. Pude deixar inacabada a resposta ao convite e voltar à paciente, que continuava reclamando do marido. Foi quando eu a vi também como responsável por aquela resposta suspensa ter invadido o seu espaço: o conflito com o marido tinha a ver com propostas individualistas que ele fazia e com a dificuldade que ela tinha de se defender. Foi preciso refazer todo o percurso e ter na ponta firme da língua, não mais paralítica, a resposta (o não) que eu daria para o proponente da palestra.

Se a ciência de uma análise também entoa a arte de dizer "não", no reconhecimento e defesa dos próprios desejos, a arte em si pode brincar com a realidade. Ela é uma grande negociadora com a realidade. Não dei a palestra e, na semana seguinte, a paciente trouxe progressos na sua relação afetiva com o marido. Quis me agradecer por isso e o fez sem precisar, enquanto eu agradecia à contratransferência no presente. Isso, sim, era preciso e nada teria acontecido se eu não tivesse me deixado flutuar sem estar fixado em qualquer teoria da arte ou da psicanálise, sempre menores do que a forma e o conteúdo de nossos sentimentos. Penso e sinto que, dominada a ânsia explicativa, acompanhei os movimentos da sessão e criei a minha própria teoria a partir das que tinha lido, como Freud fez com Moisés ou um leitor faz com seu texto. Se eu estivesse obcecado em alinhavar o passado com o presente, não teria chegado àquele mar aberto de histórias possíveis.

8
SOBRE A TRANSITORIEDADE (1915)

> Você vem – mas vai passar.
> Você passa – eis a beleza.
>
> Wislawa Szymborska – tradução de Regina Przybycien

Escolhemos outro texto curto, porém muito contundente para a nossa "antologia aplicada". Mesmo não sendo direto sobre a natureza da estética, ela está muito presente entre metáforas e desdobramentos que buscamos como leitor. Nesse verdadeiro poema em prosa, mais como poeta do que cientista, Freud relata a conversa que teve com um poeta conhecido e um amigo taciturno durante um passeio. O poeta é Rainer Maria Rilke, e o amigo é de fato uma amiga, Lou Andreas-Salomé, amante de Rilke.

Era um dia de verão, e a relva estava florescida. O assunto: a transitoriedade, trazida pelo poeta entristecido com a brevidade daquela beleza que contemplavam. O psicanalista, alheio à exigência de eternidade, posiciona-se com otimismo:

A propensão de tudo que é belo e perfeito à decadência, pode, como sabemos, dar margem a dois impulsos diferentes na mente. Um leva ao penoso desalento sentido pelo jovem poeta, ao passo que o outro conduz à rebelião contra o fato consumado. Não! É impossível que toda essa beleza da Natureza e da Arte, do mundo de nossas sensações e do mundo externo, realmente venha a se desfazer em nada. (Freud, 1915, p. 317).

Na posição de Freud, lemos o que move o criador artístico e está ausente na posição do poeta, justo aquele que costuma rebelar-se contra o efêmero através da sua linguagem: "Criar é matar a morte", escreveu Romain Rolland, amigo literário de Freud.[1] A frase evoca-nos outro poema de Wislawa Szymborska (2016) sobre a fotografia do instante trágico em que as vítimas de um incêndio saltam do alto do prédio em chamas. A poeta encerra com versos que revelam um grande sentido da arte, talvez o único recurso a longo prazo de "congelar" a vida: "Só posso fazer duas coisas por eles –/descrever esse voo/e não acrescentar a última sentença." (Szymborska, 2016, p. 223).

Wislawa, Rilke e Freud estimulam-me a dar um "pitaco" poético. Se escrever não mata a morte, escrita e análise ao menos podem transformar (elaborar) perdas provisórias e até mesmo definitivas a fim de não matar a vida que resta. E povoam o mundo de penúltimas sentenças como forma de conservar a vida que houve antes da morte e a que vem depois: "Sucessão dos dias/– noites incluídas –/e o que era perda/se atrela à morte/e na palavra,/ameniza,/mas se for morte/ela se reforça/no emaranhado/do que ainda é vida/até que a memória/lambe o esquecimento/que lambido sopra/o que era morte/vira brisa".[2]

Durante a caminhada, o psicanalista se mostra um verdadeiro poeta. Não é à toa que se trata de uma das mais belas páginas redigidas pelo Freud escritor. Na batida artístico-analítica de transformar tempestade em brisa, ele escreve mais adiante: "Tampouco posso compreender melhor por que a beleza e a perfeição de uma obra de arte ou de uma realização

---

[1] Apud Pontalis e Mango, 2014, p. 164. Para Hanna Segal (1993), o grau de negação do instinto de morte de uma obra de arte é menor do que em qualquer outra atividade humana.
[2] *Metamorfoses*, poema inédito do autor.

intelectual deveriam perder seu valor devido à sua limitação temporal." (Freud, 1915, p. 318).

Para Tolstói (2016), a beleza é a representação do infinito dentro do finito. Para Freud, a efemeridade afere ainda mais beleza às coisas. Pensamento estético, artístico? Nietzschiano aqui não confesso, a eternidade vive do retorno. A arte não seria um lugar de armazenamento da beleza para que possamos voltar a encontrá-la ao longo das partes mais feias da vida?

Freud acrescenta uma nova qualidade à efemeridade: "Gostaria, de todo modo, de compreender como a beleza e a perfeição da obra de arte e da capacidade intelectual deveriam ser desvalorizadas por sua limitação temporal." (Freud, 1915, p. 222). Como um bom poeta, ele reverte a lógica. A beleza agora não depende da duração. Daí o paradoxo do artista que trabalha com o que passou – a emoção de um instante já findo na hora em que é expresso – e luta através da sua linguagem por algum resgate e permanência.

A mesma inconformidade com o tempo, evocada pelo analista, move o artista, mas não da forma negativa do poeta. Freud acolhe a dificuldade e evoca a complicada tarefa do luto para quem não reflete cotidianamente sobre isso como o psicólogo. O criador artístico ocupa o lugar de quem, através da sua arte, enfrenta a perda e se dispõe a lutar com o tempo, a morte e a transitoriedade. Sem cair em melancolia. Ou caindo abraçado com a sua arte para levantar-se outra vez, apoiado nela. O artista e o psicanalista topam a luta do luto e buscam alternativas como a estética e a elaboração para lidar com a realidade transitória:

> Minha palestra com o poeta ocorreu no verão antes da guerra. Um ano depois, irrompeu o conflito que lhe subtraiu o mundo de suas belezas. Não só destruiu a beleza dos campos que atravessava e as obras de arte que encontrava em seu caminho, como também destroçou nosso orgulho pelas realizações de nossa civilização [...] (Freud, 1915, p. 319).

Em meio aos escombros, o psicanalista mantém em riste a esperança. Como um artista, faz o luto através da sua palavra em busca da permanência. Na história dessa luta, reaparece a qualidade das relações objetais, e não teriam em comum artista e psicanalista a esperança nada superficial – não é autoajuda –, repleta da capacidade de acreditar no novo encontro para o resgate dos antigos, de narrar e relançar-se?

Para Freud (1917a), o luto é mesmo um enigma. Ele introduz o que aprofundará em *Luto e melancolia*, ou seja, o quanto a libido investida no objeto precisa deslocar-se após a perda. Em seus destinos, ela pode voltar-se contra o próprio indivíduo (melancolia) ou escolher um novo objeto como no luto bem elaborado, na arte, na análise, no amor: "Sabemos que quanto mais é doloroso, mais o luto se processa espontaneamente." (Freud, 1915, p. 224).

Ele acolhe a dor no que escreve. E os artistas, no que criam, mesmo que arte e psicanálise ofereçam lacunas, conforme vimos com o escritor Saul Bellow: "Reconstruiremos tudo o que a Guerra destruiu, talvez com fundamentos mais sólidos e mais duráveis do que antes." (Freud, 1915, p. 319).

Uma década depois, com uma prótese na mandíbula, efeito da cirurgia para remover o câncer, Freud (1926) mantém a mesma batida. Em entrevista ao jornalista americano George Sylvester Viereck, mostra-se capaz de afirmações pungentes como esta: "Estou muito mais interessado nesse botão (de arbusto) do que no que possa me acontecer depois que estiver morto [...] Não permito que nenhuma reflexão filosófica estrague a minha fruição das coisas simples da vida.".

A declaração nos traz lembranças clínicas: um paciente jovem, depois de realizar intercâmbio no exterior, contava-me a tristeza pela sensação de que a experiência de liberdade e autonomia nunca mais se repetiria: "Fico triste do nunca mais". Ele me fez vir à cabeça o poema *O corvo*, de Edgar Allan Poe (2012), quando a ave repetia as mesmas palavras – "Nunca mais" – para simbolizar a morte e a separação. Para o poeta, um assunto provavelmente amoroso e, para o paciente, também.[3] Na associação seguinte, contou a dificuldade de enfrentar um pai cuja imagem onipotente lhe afligia. Levou tempo até sentir que há um paradoxo entre o "nunca mais" e a possibilidade de refazer as situações prazerosas para sobrepujar a dor. No caso de Poe, o poema. No caso do paciente, a análise.

Luto a ser feito e que é feito por Freud no texto, conforme a nossa leitura. E pelos artistas a cada arte que fazem, conforme construímos a hipótese de que conseguem chegar a um clima como o das palavras que encerram o belo trabalho:

---

[3] Evocamos novamente o texto de Mario Quintana (1981) em que todos os poemas são de amor.

> Quando o luto tiver terminado, verificar-se-á que o alto conceito em que tínhamos as riquezas da civilização nada perdeu com a descoberta da sua fragilidade. Reconstruiremos tudo o que a guerra destruiu, e talvez em terreno mais firme e de forma mais duradoura do que antes. (Freud, 1915, p. 319).

A esperança movia Freud. E move os artistas. À nossa leitura, ele compreende a criação artística como a luta contra a finitude, amparado por artistas com quem conversava, como Romain Rolland. São diálogos que não cessam de suscitar a nossa clínica: Rafael, 17 anos, chega impressionado com um sofrimento inédito. Ele não entende por que está tão preocupado com a passagem do tempo: "Estou pensando nisso pela primeira vez em minha vida. Acho que tem a ver com meu avô, que está doente e eu nunca perdi ninguém importante". Mais adiante, damo-nos conta de que é isso mesmo. E mais aquilo: preocupa-se com a morte dos pais e a possibilidade de viver de forma independente. Rafael quer ser músico, mas é difícil enfrentar o pai, que deseja para ele uma "profissão mais estável". Ali entendemos que o medo da morte é o conteúdo manifesto do medo latente de uma vida não vivida e, portanto, de um luto impossível.

Uma jovem adulta descrevia melancolicamente a decadência de sua cidade natal. O empobrecimento, as doenças, as mortes dos antigos vizinhos. Foi preciso que o seu analista chamasse a atenção para o paradoxo entre aquela descrição soturna e as riquezas materiais e interpessoais de que ela desfrutava no presente, vivendo na capital. Em seu núcleo melancólico, ainda não havia entrado a representação de que a efemeridade da pujança da velha cidade estava reacendida em seu trajeto da mesma forma que uma primavera resgata as flores mortas no final da primavera anterior.

Sílvia Machete, cantora e artista que resgata a estética do circo em suas *performances*, cantou a respeito de um trapezista e seu flerte com a morte:[4] "É bom arriscar o salto/Planar/Sentir de novo emoção.../É tão bom/Saber que a morte/É falhar/Voar de encontro à tua mão".

A ideia é mesmo expressiva no sentido de que a criação não poderia viver sem a finitude e, sem a morte, morreria. Criar pode ser, no embalo de Freud e Sílvia, um modo de fazer a morte falhar ou tardar, tornando

---

[4] *Trapézio*, canção de Jorge de Palma.

a vida mais viva ao longo da sua duração. A psicanálise vive de olho em fomentar isso. Amparam a artista Machete e o cientista Freud outros tantos criadores obcecados pela morte e pela vida, bem como poetas que o psicanalista nem conheceu: "Mas as coisas findas,/muito mais que lindas,/essas ficarão".[5]

---

[5] *Memória*, Andrade (2012, p. 210).

9

UMA RECORDAÇÃO DE INFÂNCIA DE DICHTUNG IND WARHEIT (1917b)

> Assim, a obra literária aparece como uma restauração da psicanálise, porque se desfez da preocupação da demonstração teórica.
>
> André Green

Esse trabalho traz aspectos específicos sobre a estética. Em outras traduções, o título é *Uma recordação de infância em poesia e verdade*, nome das memórias escritas por Goethe. Freud faz relações entre um episódio da infância do escritor – o único de que o poeta lembrava e que tinha ficado esquecido vários anos –, extraído de sua autobiografia e rememorado pelo psicanalista a partir de uma vivência parecida com seus pacientes e das observações de outros colegas. Mesmo não sendo um trabalho sobre a literatura, ele permite algumas reflexões importantes a respeito do esteta Sigmund Freud.

Quando criança, Goethe jogava louças da casa pela janela para o regozijo de alguns vizinhos. Diante de tamanha aceitação, o jovem sentiu-se acolhido e quebrou muitas. Essa é a única recordação que ficou de seus primeiros anos. Para Freud, a psicanálise almeja buscar significados nas lembranças infantis mais antigas. De certa forma, ela se cruza com o trabalho do artista. Os primórdios são decisivos para a compreensão da vida e a elaboração da arte.

O tema central é a interpretação que, segundo Freud, não teria sido feita em tempos pré-analíticos: uma criança encontra prazer em jogar objetos pela janela como forma de expressar a raiva do nascimento de um irmão e o ciúme diante do rival pelo amor materno. Trata-se de um ato simbólico de jogar longe o bebê: "Antes de haver psicanálise, era possível ler isso sem encontrar oportunidade para uma pausa ou sem se surpreender; mas, depois, a consciência analítica tornou-se ativa." (Freud, 1917c, p. 160).

Na forma, ele se refere ao espaço para aproveitar o que no passado seria considerado uma bobagem e, a partir de agora, torna-se sagrado para a compreensão e o trabalho psíquico. No conteúdo, refere-se à expressão de conflitos familiares e fraternos. Um de seus pacientes, aos 4 anos, teve no nascimento do irmão um fato importante em sua vida, hoje limitada na autonomia amorosa e laboral. Além de cometer violência contra animais, apresentou os mesmos episódios de Goethe.

Freud reporta que recolheu observações semelhantes em outros casos que lhe foram enviados pela colega Hug-Hellmuth, pioneira no tratamento psicanalítico de crianças. Ele inicia o texto com considerações sobre a amnésia na infância e a noção de lembrança encobridora (Freud, 1899), definindo-a como a recordação precoce (e boa) de Goethe ao jogar os objetos pela janela sem ter sido repreendido pelos vizinhos ou pela mãe. Freud menciona outros pacientes que não tiveram a mesma acolhida.

Reconstruir o trajeto e construir a história das lembranças até o conflito original é o grande benefício da psicanálise. Que atos simbólicos de desagrados possam ser acolhidos – intuímos nós a partir dele – seria o grande benefício que os cuidadores oferecem para a arte futura dos indivíduos. Sintetizado o conteúdo do texto e a nossa interpretação a partir dele, chama-nos a atenção o trecho seguinte: "Uma travessura com efeitos prejudiciais à economia doméstica, levada a efeito por instigação externa, não se enquadra certamente com tudo o que Goethe tem para nos contar acerca da sua vida tão rica de eventos." (Freud, 1917c, p. 161).

Uma coisa leva à outra na complexa engrenagem da vida psíquica, cuja compreensão a psicanálise tem entre seus grandes objetivos, senão o maior. Escondida sob o manifesto de um episódio tão aparentemente pueril, encontra-se uma importante noção latente. Em termos de psicanálise, pode ser lido como a importância de situações aparentemente banais: em termos psíquicos, tudo importa, nada é bobagem nas memórias e sintomas de uma criança, como Freud já tinha mostrado com o pequeno Hans (Freud, 1909a; Gutfreind, 2008a).

Em termos de estética, remete-nos às relações entre a capacidade artística e a relação precoce com a mãe, como vimos com Leonardo da Vinci, no qual também aparece o estudo sobre uma lembrança da infância. O tamanho do horizonte de uma arte, a partir de Freud, desenha-se no começo da vida com a qualidade das interações. Em Leonardo, destacavam-se o carinho e o cuidado materno que avultam aqui como o espaço aberto para a livre expressão de conflitos em atos simbólicos aparentemente destrutivos.

Não nos cabe retomar detalhes que Freud conta de outros pacientes ou de Goethe. Importa-nos que o poeta alemão sobreviveu, junto à irmã, à morte de vários irmãos. As interpretações ministradas por Freud trazem outro trecho cabal em termos de técnica: "Quando, na análise, duas coisas são trazidas uma imediatamente após a outra, como de um só fôlego, temos que interpretar essa proximidade como uma conexão de pensamento" (Freud, 1917c, p. 165). A frase sustenta a possibilidade de juntar a ação mágica de arremessar objetos com o ciúme de um irmão ou as relações sexuais dos pais. Freud busca o significado latente contido na representação a partir de uma sequência, uma história. Na trilha do esteta, lemos no conteúdo manifesto a sorte de Goethe ter sido acolhido em seu ato pela mãe e por vizinhos de forma que um sentimento de culpa não se estabeleceu. A partir de Freud, a interpretação é nossa.

O episódio pode ter lhe proporcionado um sentimento de confiança capaz de propulsá-lo a novas criações ou destruições simbólicas, ou seja, à arte e à saúde mental. O desdobramento pode ser menos Supereu (Strachey) e mais possibilidade de pôr em cena a agressividade sem ser repreendido. Para ser mais criativo (Winnicott). A partir das relações parentais, há uma aproximação entre a elaboração da culpa e a possibilidade criativa com uma solução estética para ela. Aqui nos lembramos das crianças separadas de seus pais com quem trabalhamos na França e o quanto amassar argila e massa de modelar tornava-as mais criativas para o contato com os contos de fadas (Gutfreind, 2010b):

> Seria assim: "Eu era uma criança de sorte: o destino preservou a minha vida, embora tenha vindo ao mundo como

morto (referência aos seus problemas de parto). Além disso, o destino eliminou meu irmão, de modo que não tive que compartilhar com ele o amor de minha mãe". (Freud, 1917c, p. 167).

O texto valoriza a importância para a arte de Goethe de ele se sentir na vida o preferido diante das rivalidades fraternas. E traz a sugestão de que a saída estética, desde a mais rudimentar como um ato simbólico em plena vida até a mais complexa como a obra em si, pode ser o que de mais precioso temos para chamar de cura. A importância disso para a compreensão do ato estético não é menor do que para a clínica. Freud encerra o texto com outra frase antológica: "E Goethe poderia muito bem ter colocado, em sua autobiografia, um cabeçalho mais ou menos como este: 'A minha força tem suas raízes na relação que tive com minha mãe'." (Freud, 1917c, p. 167).

Eis o conteúdo manifesto. Em nossa leitura, reordenamos: a minha força como homem tem suas raízes na acolhida da minha mãe diante de meus atos simbólicos.[1] Ou: a minha força **como artista** tem suas raízes na relação que tive com minha mãe. E/ou: faço minha arte, porque fui o preferido e/ou, através dela, posso assim me sentir.

A vida, com seu grão de realidade acolhida simbolicamente, possibilita um punhado de ilusão futura para lidar com a realidade presente:

> Não dá? Inventa/como a que se sentia/preferida nesta vida/ Não era? Não sei: inventou/agora é um emaranhado/do que é frio e fogo novo/e na fumaça o inventado/É preciso inventar logo/finalmente espairecer/o útil que há na palavra/Sentar-se como um rei sobre o silêncio". (Gutfreind, 2010b, p. 61).

O texto de Freud nos leva a pensar que a arte da psicanálise e a arte em si são espaços em que é possível externar todo e qualquer pensamento, encontrando para eles um espaço de ilusão e imaginação – fantasia na arte ou elaboração na análise – que não a neurose. O que seria uma bobagem para o Supereu torna-se criação para o Eu a partir do Isso. Aqui nos deparamos

---

[1] Lembremos a expressão corriqueira "fazer arte" para as travessuras de uma criança.

com uma lembrança recente e talvez encobridora: Michel Soulé, pioneiro da psicanálise da infância e da adolescência, caminha com dificuldades até sentar-se em um dos bancos da Universidade Paris 5. Bernard Golse, seu discípulo, chama a atenção para o privilégio de nós, ouvintes, podermos testemunhar o ar histórico. Mas a figura do velho mestre não é decorativa. Ele conta as pesquisas que faz com outro discípulo, Sylvain Missonnier. Trabalhando diretamente com ecografistas, deram-se conta da importância de um momento fugidio durante o exame. Que toda e qualquer palavra emitida pelo médico poderá deixar traços gestação adentro e vida afora nas representações maternas que serão fundamentais na identidade do futuro bebê. Por isso, Soulé lembrou-se da situação não tão rara em que o ecografista percebe que o feto está morto. Todas as atenções se voltam para o que dirá à mãe, quando, como, de que forma. Mas o psicanalista alerta para a importância da seguinte pergunta: "Há irmãos mais velhos no recinto?". Se há, é preciso chamá-los, contar essa história triste, reas-segurando que a vida deles nada tem a ver com essa morte. Por mais que a tenham desejado e sonhado. É preciso abrir espaço para que possam expressar e "quebrar os pratos" sem culpa, como Goethe. Para Soulé, trata-se da prevenção de uma neurose obsessiva.

A partir do esteta Freud, pensamos que essa empatia pode construir um ser humano mais saudável e um futuro artista: alguém capaz de criar como uma criança livre para brincar de matar um irmão que morreu sem que tenha sido culpa dela.

10

ALÉM DO PRINCÍPIO DO PRAZER (1920)

> desenrola esse carretel
> que sabe é de um fio de estopa
> (desenrolado, vira mel)
>
> João Cabral de Melo Neto

Texto fundamental sobre temas como a pulsão de morte, a dicotomia entre ela e Eros, a compulsão à repetição e o destrutivo, nós escolhemos a segunda parte, antologia da antologia, para aproximarmos Freud e a estética. Em um fragmento antológico, ele reflete sobre a natureza da criação artística. Aborda o brincar na criança e retoma, 12 anos depois, hipóteses contidas em *Escritores criativos e devaneio*.

Após uma breve reflexão sobre a neurose traumática e a importância do sonho como "[...] o método mais digno de confiança na investigação dos processos mentais profundos", Freud (1920, p. 24) descreve a brincadeira de uma criança com um carretel. O menino é o seu neto, à época com 18 meses. Ele chama a atenção para a ausência de conclusões a respeito da importância do ganho de prazer contido na brincadeira. Com o cuidado habitual de não generalizar a descoberta, deixa claro que brincar expressa e elabora um conflito da infância, no caso a separação da mãe.

O menino diz *fort* (ir, partir) quando a linha do carretel se vai, depois diz *da* (ali) quando ela volta. O psicanalista reconhece na cena a simbolização de uma angústia de separação. A sequência virou um paradigma da elaboração psíquica através do jogo. Que ela valha para essa criança e todas as outras em suas brincadeiras (Raul com o barco),[1] a prática de observá-las mostra-nos todos os dias. Ela é a parte principal de nosso trabalho. Estamos diante do Freud clínico a partir de uma observação fortuita, cotidiana, prática.

Há quem veja na cena o momento precursor da observação aqui e agora mães-bebês em detrimento das observações recompostas do autor (Bick, 1986; Victor Guerra[2]). Como leitores de Freud, tentamos ir adiante. E voltamos, brincando com a angústia de influência e seu carretel para estendê-la como outro protótipo da criação literária freudiana: toda palavra é a representação de uma ausência:[3]

> Essa, então, era a brincadeira completa: desparecimento e retorno [...] A interpretação do jogo tornou-se óbvia. Ele se relacionava à grande realização cultural da criança, a renúncia instintual (isto é, a renúncia à satisfação instintual) que efetuara ao deixar a mãe ir embora sem protestar. (Freud, 1920, p. 26).

Não é essa a proposição de um artista ao figurar a vida e a morte, o sexo e a destruição? Renunciar relativamente ao instinto como o Moisés de Michelangelo e de Freud? Troca-se o instinto por outra coisa. A outra coisa é a arte. A elaboração analítica. O psicanalista aprofunda a reflexão: "A criança não pode ter sentido a partida da mãe como algo agradável ou mesmo indiferente. Como, então, a repetição dessa experiência aflitiva, enquanto jogo, harmonizava-se com o princípio do prazer?" (Freud, 1920, p. 26).

---

[1] Ver "Escritores criativos e devaneio", neste livro.
[2] Comunicação oral não publicada.
[3] E, por isso, ela é sempre triste, como cantou Mario Quintana (2012).

Questão pertinente no olho do paradoxo. Uma observação posterior, em nota de rodapé, confirma a interpretação e as tentativas de resposta. Depois de horas de ausência, a mãe retorna, e o filho a recebe com as palavras "Bebê o-o-ó!". Ele combatera a falta materna ao fazer desaparecer a si próprio no espelho (Freud, 1920, p. 26).

Aqui pode estar a essência do processo artístico para Freud: a capacidade de pôr em cena conflitos de separação, de vida e morte, e encontrar neles um triunfo, um prazer. É a arte que encena, consola e transforma o que é passivo (Freud) ou desagradável em algo ativo e agradável (eu é que estou mandando você embora).[4] Tarefa das crianças, poetas, artistas. E psicanalistas: "Isso porque, no caso que acabamos de estudar, a criança, afinal de contas, só foi capaz de repetir sua experiência desagradável na brincadeira porque a repetição trazia consigo uma produção de prazer de outro tipo, uma produção mais direta." (Freud, 1920, p. 27).

Matilde, uma mulher de 35 anos, apresentava inibições no trabalho e na vida afetiva. Um dia, ela "brincou" ao me acusar que eu não estava tomando uma decisão em seu lugar. Interpretei que no fundo da brincadeira havia algo importante, sinalizando o quanto os pais carregaram-na de assuntos e decisões que não eram dela. Agora, entre nós, ela brincava disso, colocando-se na posição ativa e oposta à que ocupou na infância.

Aristotelicamente, Coblence (2005) recorda que Freud foi leitor dos principais teóricos da arte de seu tempo, como Theodor Vischer e Lipss. A autora mostra que o artista, como a criança que brinca, submete o seu público à mesma experiência a que ele foi submetido. Freud encerra igualmente *à la* Aristóteles (2005) com a ideia de que o artista circula entre as tendências mais primitivas, além do princípio do prazer. Ele é alguém capaz de brincar com a própria dor, fazer do limão a limonada. Brincar com a morte, fazendo dela um (re)princípio da vida.

Nada de maior esperamos da experiência analítica. O *setting* se presta a reviver a separação original que se reapresenta na transferência. Então, contamos com a preciosa e sagrada ferramenta da palavra para superar a tristeza original e intransponível, pelo menos enquanto não for repre-

---

[4] Freud, em carta de 1914, escreve ao pintor Herman Struck, que havia feito o seu retrato. Comenta que os traços do pintor teriam intencionalmente amenizado a fonte verdadeira a fim de obter um efeito melhor (apud Conde, 1985). Freud via na arte um recurso para ajeitar a realidade, conforme a sua necessidade. A essência da criação artística diante da morte? A essência da análise diante da realidade?

sentada. Cada análise produz o seu próprio *fort-da* e cria o seu repertório de brincadeiras.

Para Freud, segundo a leitura de Chasseguet-Smirgel (1992), a arte é uma conciliação entre o princípio do prazer e o da realidade. Ela se refere a um trecho fundamental para a compreensão estética freudiana:

> Um artista é originalmente um homem que se afasta da realidade, porque não pode concordar com a renúncia à satisfação instintual que ela a princípio exige, e que concede a seus desejos eróticos e ambiciosos completa liberdade na vida de fantasia. Todavia, encontra o caminho de volta deste mundo de fantasia para a realidade, fazendo uso de dons especiais que transformam suas fantasias em verdades de um novo tipo, que são valorizadas pelos homens como reflexos preciosos da realidade [...] Mas ele só pode conseguir isto porque outros homens sentem a mesma insatisfação, que resulta da substituição do princípio de prazer pelo princípio de realidade. (Freud, 1911a, p. 242).

Em busca da nossa clínica, Freud remete-nos aos artistas: "Não enterreis vosso chapéu sobre vossos olhos. Dai palavras à dor: a desgraça, quando não fala, murmura no fundo do coração que não suporta mais, até que o parte."[5] (Shakespeare, 1993, p. 177). É preciso encontrar palavras, desafio em comum de artistas e público, analistas e analisandos.

Bento tem 12 anos e uma dificuldade de adormecer sozinho. Sente vergonha e tristeza pela limitação de não poder ir a acampamentos ou dormir na casa dos amigos. Já tentou deixar acesa a luz do abajur, a tevê ligada, o computador. Nada vinha funcionando, e ele voltava frustrado para contar as tentativas malogradas. Antes de tentá-las, ainda com esperança, costumava dizer a respeito das ideias construídas na sessão: "Lá na hora, vou tentar me lembrar dessas palavras". Um dia, quando avançou em suas dificuldades, voltou radiante para dizer: "Hoje eu consegui me lembrar".

Palavras, sim, mas, para chegar a elas, foi preciso brincar e elaborar. Por isso, Bento remete a Antônio, de 6 anos, que, tomado por uma transferência pra lá de negativa, ofendia o seu analista de forma violenta

---

[5] Tradução de F. Carlos de Almeida Cunha Medeiros e Oscar Mendes.

durante muito tempo. Aceitei desempenhar essa função de objeto negativo que me parecia a transferência parental de um pai testado em seu amor como capacidade de resistir ao ódio. A interpretação não chegou a ser feita e, quando a relação já me parecia suficientemente sólida, depois de uma ofensa de Antônio, eu falei: "Nem tudo pode ser dito, Antônio, há limites, e as palavras podem ferir". "Mas tu já disse que tudo pode ser dito...", rebateu. Como conciliar o paradoxo? Sugeri que ele, a partir de agora, proferisse as ofensas mais violentas através de uma personagem. Um diretor de cinema – propôs Antônio, que agora dirigia o seu ator-analista com uma violência mediada pelo jogo. A cena de cinema era a sua bobina.

A ideia da arte como jogo é reincidente na filosofia e na estética. Kant (2017), fonte importante para Freud, aproximava um e outro em sua *Crítica da faculdade de julgar*, chamando a atenção para o quanto são desinteressados e subjetivos. A ele se juntam o poeta Schiller (2002) e o antropólogo Lévi-Strauss (apud Bosi, 2000), que via a arte como bricolagem. Trabalhos como *Além do princípio do prazer*, especialmente no fragmento que escolhemos, avançam noções sobre a criação estética, ainda que mirem mais o contexto de artista e público do que o interior da arte.

Com a psicanálise, Freud revelou a importância da necessidade interna. Ele a aprofundou, vislumbrando a criança no artista. E a sublinhou em termos estéticos. Assim como a verdadeira arte não provém dos repetidores do estilo, por mais que acertem nas regras intrínsecas da linguagem, a verdadeira análise tenta resgatar e coconstruir o que é único, original, autêntico trabalho estético no coração da brincadeira, muito além do princípio da técnica. Toda brincadeira é nova. Toda sessão é nova. Trabalho de criança. E de criação: "O ver do artista é sempre um transformar, um combinar, um repensar os dados da experiência sensível [...]" (Bosi, 2000, p. 36).

Amparados por Freud, podemos substituir o "ver do artista" pelo "ver do analista" para aproximarmos arte e psicanálise. Em cada sessão, construímos um vocabulário próprio, uma cena única, uma brincadeira, o punhado de beleza em meio à dor: "A consideração desses casos e situações, que têm a produção de prazer como seu resultado final, deve ser empreendida por algum sistema de estética com uma abordagem econômica a seu tema geral." (Freud, 1920, p. 28).

Chama-nos a atenção que utilize a expressão "sistema de estética", mostrando-se atento às relações entre vida, neurose e arte. O nosso final reencontra o começo do seu texto na neurose traumática, nos sonhos (compulsão) de repetição, conceito apresentado anos antes. E na pulsão de morte, introduzida no presente trabalho (Freud, 1914d, 1920). No fundo, ele compara a neurose traumática e o sonho de repetição com a brincadeira da criança, guardadas as devidas diferenças e seus sentidos contrários. Brincar é o que haveria de mais eficaz para enfrentá-los. Já não basta dizer, interpretar, fazer consciente o inconsciente. É preciso jogar e elaborar repetidamente (Freud, 1920).

Com ele está o psicanalista e dramaturgo Eduardo Pavlovsky (1980) e sua noção viva de espaço lúdico, verdadeira reserva de saúde mental construída na infância entre amigos. Para ele, sem o jogo não poderia haver cura, e vale a analogia de que também não haveria criação:

> La curación sería la posibilidad de dejar de repetir los gestos de la infancia paralizadores de la creación, en la transferencia, e intentar superarla a través de un juego mutuo con el terapeuta, juego liberador que daría un movimiento inédito de creación, de libertad. (Pavlovsky, 1982, p. 34).

Há um ritmo na construção da neurose condenada a repetir mortalmente. Freud sugere que a vida também pode fazê-lo por outro lado. Para ser desconstruída, a neurose precisa de uma força contrária de repetição e persistência.[6] Contra as reminiscências de uma vida de que sofrem os neuróticos, aparecem as novidades salvadoras da brincadeira. E da arte, que traz palavras redentoras para Bento, cenas decisivas para Antônio ou um carretel para o neto de Freud.[7] Criar, brincar tornam-se ritmos capazes de combater, com a repetição da vida nova, o que era uma velha morte.

---

[6] Victor Guerra (2015) sublinha no *fort-da* a importância do balanço rítmico como vai-e-vem ou ida-e-volta, precursor dos processos de simbolização. Na biblioteca do psicanalista, com mais de seis mil volumes, havia muito mais livros de arte do que de psicanálise.

[7] Aqui se pode justificar a indicação de uma frequência alta de sessões para uma análise na abertura de um espaço de brincar, sonhar e criar repetidamente em sentido contrário ao de uma compulsão à repetição. Se esta é poderosa o suficiente para desprezar o princípio do prazer, arte e análise encaram um embate e se constituem em recurso igualmente poderoso, senão mais.

11

DOSTOIEVSKI E O PARRICÍDIO (1928)

> A verdadeira arte é a da vida que, em seu eterno retorno, repete na diferença dores e alegrias, criações e descriações.
>
> Sarah Kofman

Escrito para uma edição alemã da obra do autor russo, esse ensaio foi abandonado e retomado mais adiante. Freud se debruça na compreensão da vida mental do escritor e, por isso, interessa a nossos propósitos de vasculhá-lo como esteta. Ele se baseia em pesquisas de editores, na biografia do filho de Dostoievski e escreve um de seus raros textos sobre um romancista.

Freud e Dostoievski tinham em comum o interesse pelos temas da consciência e os horrores da alma (Conde, 1985). Mesmo que trate mais diretamente de questões como o sentimento de culpa, o caráter do autor e a sua paixão pelo jogo, perscrutamos nas entrelinhas o pensamento freudiano sobre a estética, por mais que reconheça novamente os seus limites: "Diante do problema do artista criador, a análise, ai de nós, tem de depor as suas armas." (Freud, 1928, p. 183).

O autor não demora a equiparar Dostoievski a Shakespeare e considerar *Os irmãos Karamazov* o melhor romance entre todos. Depois de discorrer sobre a moral, o texto aproxima a epilepsia de Dostoievski e sua personalidade marcada pelo sentimento de culpa, pelo masoquismo e a irritabilidade, decorrentes de uma relação difícil com um pai violento. Há no escritor um forte sentimento destrutivo, e observamos uma analogia com o homem dos lobos, historial clássico de Freud (1917b).

Não é nosso propósito retomar a reflexão detalhada de Freud sobre Dostoievski, mas observar o surgimento de seus dotes artísticos, mesmo que fossem considerados inanalisáveis. Eles aparecem como a possibilidade do escoamento de um intenso instinto destrutivo, apesar de uma parte ter se voltado contra si mesmo. Como já vimos, a arte tem lacunas. Ela seria o que sobra? Uma parte que triunfa? A arte ameniza e atenua no paradoxo de expandir como a arte da psicanálise, e Freud parece ter percebido e expressado o triunfo nem que parcial de Dostoievski através da sua. Esta é a seara que tentamos resgatar como leitor livre e atento às entrelinhas.

Freud descreve a neurose de Dostoievski, as graves crises epiléticas, acompanhadas de perda de consciência, seguidas de contrações musculares e depressão, a que denominou *histeroepilepsia* (histeria grave). Ele discorre sobre a doença e realça aspectos com ênfase nas questões emocionais. A do escritor teria começado na infância, piorado aos 18 anos com o assassinato do pai e depois com o exílio na Sibéria, para onde foi levado como prisioneiro político injustiçado. O início das crises estaria relacionado a uma figuração da morte, fruto da identificação com uma pessoa morta ou que o indivíduo deseja que morra. As crises significariam uma autopunição pelo desejo de matar um pai odiado.

Kristeva (2014) aproxima Dostoievski ao Freud tardio, da pulsão de morte. A solução para a depressão de Dostoievski, apesar de toda a atmosfera mórbida, dá-se a partir da alquimia da escritura como uma espécie de perdão. Kristeva utiliza a expressão "ideal de *performance* estética", que alia a uma gratificação narcísica.

Freud evoca o parricídio, sobre o qual havia se debruçado em *Totem e tabu* (1913d), e o situa como a fonte principal do sentimento de culpa. Ele relembra as relações ambivalentes de um menino com seu pai. Retoma o percurso normal do Édipo com admiração, rivalidade, temor da castração, sentimentos recalcados e a herança (parental) do Supereu. No caso de

Dostoievski, há uma saída com a homossexualidade latente ou reprimida, o que se manifesta em sua vida e aparece nos romances com a submissão a outras figuras de autoridade política (o Czar) ou religiosa (Deus). Dostoievski teve um pai violento. Aí está o fator principal de sua neurose, a causa das crises marcadas pela identificação com o pai morto[1] e a autopunição pelo desejo de matá-lo, carimbando os destinos de seu complexo de Édipo. Os resultados foram um Supereu sádico, o enorme sentimento de culpa pelo desejo parricida e a homossexualidade latente. Freud aventa a possibilidade de que a epilepsia seja um recurso para dar vazão à energia psíquica ou a descarga dos instintos. A discussão é atual, marcada por retrocessos e excessos diagnósticos, atribuindo-se ainda hoje à doença causas exclusivamente orgânicas sem a distinção com o afetivo, realizada por Freud (Martins, 1983): "A 'reação epiléptica', como esse elemento pode ser chamado, também está indubitavelmente à disposição da neurose, cuja essência reside em livrar-se, através de meios somáticos, de quantidades de excitação com as quais não pode lidar psiquicamente." (Freud, 1928, p. 186).[2]

A epilepsia de Dostoievski seria do segundo tipo, o afetivo, com uma repartição da energia psíquica entre a doença e a sublimação, como em Leonardo da Vinci, evocando a lacuna presente até mesmo na arte (Pierpont, 2015). Freud reconhece este "umbigo da estética", o que torna ainda mais difícil, senão vã, a nossa tarefa. Ele expressa o quanto um talento artístico não é analisável, mas prosseguimos de olho nos sentidos ocultos de Freud como esteta e evocamos a nossa clínica: Arlindo é um jovem pai, deprimido com a "grave" síndrome genética de seu único filho, Antônio, um menino alegre de 4 anos. Arlindo queixa-se da dificuldade de lidar com ele, em especial quando "bate o pé" com algum desejo que lhe é interdito, como parar de brincar para comer. Arlindo vê Antônio como um menino doente que o recorda diariamente a frustração por não ser o pai de um "filho perfeito". Inunda-o também o olhar de uma medicina com muita gana diagnóstica.

---

[1] O pai foi assassinado por colonos de sua propriedade rural.
[2] Quando trabalhava em uma internação psiquiátrica, uma de minhas pacientes, com o diagnóstico de esquizofrenia paranoide, costumava entrar em surto nas noites de meu plantão. A agitação mimetizava uma crise epiléptica. Eu a acudia, e entrávamos num confronto corporal, depois identificado como a representação de uma relação sexual.

Freud defende que proporcionou com a psicanálise uma reação à ciência oficial e reacionária da época. Nise da Silveira, ao utilizar a arte como forma de tratamento, reagiu igualmente à violência de uma psiquiatria oficial vigente. E o psicanalista, com frequência, é discriminado em equipes médicas interdisciplinares. Tive a oportunidade de trabalhar na França com dois grupos de etnopsiquiatria[3] que propunham um dispositivo terapêutico no qual a psicanálise contava com a parceria da antropologia para enfrentar o reducionismo pouco artístico e nada criativo de uma medicina e mesmo de uma psicanálise tradicional já no final do século XX.[4] Crianças portadoras de "síndromes genéticas", em algumas culturas africanas, são consideradas "especiais" no melhor sentido do termo, equiparadas aos feiticeiros ou marabus, com direito à inclusão social e à aceitação das diferenças.

Diante de Antônio, o brasileiro, o meu olhar era mais positivo do que o do pai, capaz de ver tão somente os defeitos do filho. Ferido em seu narcisismo, expressava sob um forte sentimento de culpa: "Nessas horas eu me omito ou... bato nele como... o meu pai". Compreendemos que "bater pé" não vinha da doença, mas da saúde de Antônio, capaz de fazer algo de que o pai foi proibido diante da violência de seu próprio pai. Negociar, acolher turbulências naturais de um desenvolvimento e a rebeldia necessária para a conquista da autonomia não estavam na "forma" de Arlindo.

Concluímos que seria preciso criar, inventar moda. Como um objeto de arte, o romance que construísse a partir do novo encontro um outro pai dentro de Arlindo, resgatado através da narração em meio à transferência do que havia de positivo no velho pai ou em substitutos como um tio. Aquela arte, se não pudesse curar, que ao menos atenuasse. Arte é o que atenua. É o que atenuou a dor de Dostoievski?

Freud constrói hipóteses dinâmicas sobre a epilepsia e seus aspectos sexuais, causas orgânicas ou emocionais. Ele aproxima a doença de Dostoievski ao assassinato do pai, trauma mais severo de sua vida. Trata do parricídio no contexto da difícil e ambivalente relação do menino com esse pai. Ele observa muito sentimento de culpa no escritor e o quanto a violência real do pai fez com que o filho se identificasse com ele, adquirindo

---

[3] Hospital Avicenne – Universidade Paris 13, com Marie Rose Moro, e Escola Charles Hermitte, em Porte de la Chapelle, com Rebecca Duvilié.
[4] De lá para cá, é ainda maior o retrocesso, inclusive na França.

um sádico e rígido Supereu, o herdeiro da influência parental. Mas não estaríamos tão somente diante da doença, do sintoma, da psicopatologia como punição e representante paterno? Onde entra a arte e o que dela mais interessa, as reflexões de Freud sobre a estética? Se as linhas de seu texto encontram o mesmo reducionismo de Leonardo, as entrelinhas nos permitem ir além:

> Quem quer que esteja familiarizado com a complicada transformação de significado experimentada pelos sintomas histéricos, compreenderá que aqui não se pode fazer tentativa alguma para acompanhar o significado das crises de Dostoievski além desses começos. (Freud, 1928, p. 192).

Freud reconhece o sintoma como o esboço de uma história – mais histórico do que histórico – insuficientemente brincado ou representado para encontrar a linguagem narrativa ou lírica de uma arte. Para encontrar uma história. É o que parece não ter sido suficientemente desenvolvido por ele, embora sugerido para nós. É o que criamos com Arlindo a partir da leitura na entrelinha de Freud. A nossa cocriação. O romance analítico. A arte: "I found the words to every thought/I ever had – but One"[5] – canta a poeta Emily Dickinson (2012, p. 27) e oferece-nos uma imagem precisa para o limite ou umbigo da teoria (Freud) que pode dar conta de tudo, menos da última palavra.

A arte e a análise adiam feito Scherezade a última palavra. O seu encontro sempre parcial é fruto do relato de um drama. Ela é coconstruída no aqui e agora. Ela é sempre nova e, envolto em sua sombra, está o sol da cura possível:

> Dificilmente pode dever-se ao acaso que três das obras-primas da literatura de todos os tempos – *Édipo rei*, de Sófocles; *Hamlet*, de Shakespeare; e *Os irmãos Karamazov*, de Dostoievski – tratem todas do mesmo assunto: o parricídio. Em todas três, ademais, o motivo para a ação, a rivalidade sexual por uma mulher, é posto a nu. (Freud, 1928, p. 193).

---

[5] "Achei palavras para cada ideia/Que tive – e todavia -/Uma/não me contenta", tradução de José Lira.

A afirmação aproxima a arte da representação de conflitos arcaicos, como vimos em outras leituras freudianas. É o que surge no lugar do sintoma, história curta, abortada. No caso de Arlindo, a repetição de um sintoma transgeracional decorrente da violência de um pai, condenando-os à repetição até que isso seja representado e uma nova "forma" (de pai) possa ser criada. Encontramos novos indícios mais adiante: "A admissão nua de uma intenção de cometer parricídio, tal como a que chegamos na análise, parece intolerável sem preparação analítica." (Freud, 1928, p. 193).

A imagem da admissão nua é pungente. Freud sugere que a análise veste a crueza do conflito da mesma forma que a arte, mas por caminhos diferentes e misteriosos. Foi assim com *Édipo rei*, com *Hamlet*: a forma atenua o conteúdo do sofrimento em torno da relação inconsciente dos personagens com os desejos. Édipo e Hamlet, que nem chegou a cometer o crime, não tinham consciência do que faziam. Agiram compulsivamente, atrelados a um destino e, portanto, "psicologicamente corretos". Dostoievski faz o mesmo através de romances, Arlindo, da análise. E, sobretudo, da análise com arte. No autor russo, há a convivência de arte e neurose como em todos os artistas, as lacunas de Bellow. Analisar e criar se aproximam, focadas em vestir o conflito, mesmo que não completamente, o que seria impossível, interminável.

Freud faz considerações sobre Dimitri, o herói romanesco de Dostoievski, e a psicologia do parricídio, que considera como um desejo presente nos demais irmãos protagonistas: "É indiferente saber quem realmente cometeu o crime; a psicologia se interessa apenas em saber quem o desejou emocionalmente e quem o recebeu com alegria quando foi cometido." (Freud, 1928, p. 194).

Freud *à la* Freud reflete sobre o abismo entre intenção e gesto, pensamento e ato. Dostoievski é um romancista dominado pela culpa e que escreveu sobre ela, identificado com seus próprios personagens. O jogo foi um modo de autopunição na fase final da vida. A pergunta é: o que faz com que alguns cometam o parricídio ou vivam atormentados por seu desejo, enquanto outros conseguem vesti-lo com imagens de uma obra de arte ou interpretações de uma análise? O que faz com que a arte atenue a neurose mais aqui e não ali?

Sem respostas até o momento, mas Dostoievski teria evitado o parricídio, crime maior de um criminoso enrustido como todos nós, porque foi capaz de escrever sobre o desejo parricida que o habitava, assim como Sófocles não era Édipo, e, sim, o criou? Localizamos um esboço de resposta quando Freud discorre sobre o jogo, outro aspecto patológico na vida do autor: "Quando o sentimento de culpa dele ficava satisfeito pelos castigos que se havia infligido, a inibição incidente sobre seu trabalho se tornava menos grave e ele se permitia dar alguns passos ao longo da estrada do sucesso." (Freud, 1928, p. 195).

Consideramos a hipótese de suma importância para pensar o esteta Freud. Ela sugere que a possibilidade artística surge no momento em que o sentimento de culpa arrefece e há uma aproximação do conflito de forma desinibida. Ele dissera algo semelhante sobre Goethe ao situar o seu espaço criativo na relação com uma mãe que não o culpabilizara.[6]

Para Honigsztejn (1990), Dostoievski atinge o apogeu criativo após espiar a morte de seu filho de 3 anos, durante um período em que passou no mosteiro. Ali teria esboçado o plano de sua obra máxima, *Os irmãos Karamazov*, depois de ter encontrado a mãe-Rússia-Religião e um pai mais permissivo que o fizessem reviver a sensação do Paraíso. O Supereu, portanto, não seria bem-vindo pela criatividade, por ser a instância mais inibidora de sua aparição, ainda mais sádico e cruel do que um eventual julgamento externo (Meneghini, 1972). É possível pensar, a partir de Aristóteles, que todo teatro (a Tragédia) advém do sentimento de culpa pela morte do pai, o que estaria por detrás de toda cena (Regnault, 2001). A questão essencial está em como lidar com o sentimento. Criar e "desculpar-se" estão próximos. Psicanálise e arte voltam a relacionar-se, a primeira podendo desculpar para a produção da segunda, e a segunda podendo colaborar com a elaboração da primeira.

Ao final do texto, Freud evoca outro caso de jogo patológico, o de uma personagem de Stefan Zweig (2007) na novela *Vinte e quatro horas na vida de uma mulher*. A protagonista, uma viúva mãe de dois filhos, tenta em vão salvar do suicídio um jovem jogador compulsivo que conhece no Cassino de Monte Carlo. Freud relaciona o jogo com a autopunição e a masturbação: uma compulsão de brincar dentro do contexto edípico da fantasia de um adolescente que tenta ser salvo de seus impulsos sexuais pela própria mãe. À nossa leitura, ele situa o artista novamente como aquele que é capaz de brincar com a sua vida. Esse teria sido em parte o caso de Dostoievski, pelo menos na parte capaz de escrever com menos sentimento

---

[6] A relação entre a criatividade que veste e combate a culpa é retomada por psicanalistas contemporâneos em suas reflexões sobre a arte (Freud, 1917c; De M'Uzan, 2008).

de culpa e mais brincadeira enquanto o restante permanecia atormentado pelo temor ao pai e seus impulsos hostis encaminhados para a neurose das crises compulsivas e do jogo. Dostoievski atingia parcialmente uma solução estética para a depressão, conforme a analista Kristeva (Henric et al., 2014), leitora de Freud, e o poeta Ferreira Gullar sobre a eterna disputa de aspectos contrários dentro de nós: "Uma parte de mim/é todo mundo;/outra parte é ninguém;/fundo sem fundo.//Uma parte de mim/pesa, pondera;/outra parte/delira.//[...] Traduzir uma parte/na outra parte/– que é uma questão/de vida ou morte –/será arte?".[7]

Assim brincamos com a teoria de Freud e a nossa prática com Arlindo, que, ao brincar na arte com o conteúdo de um pai violento, avança na criação de uma função paterna menos culposa e menos identificada com a violência a fim de ser menos partido e mais completo para o romance de sua própria vida. Há lacunas como sempre, mas preenchimentos que melhoram como em toda vida quando se veste de arte. Será psicanálise?

---

[7] *Traduzir-se*, Ferreira Gullar (2015a, p. 86).

CONSIDERAÇÕES FINAIS DO COMEÇO: LIMITES, ARTISTAS, METÁFORAS

> As fontes do senso estético repousam tão fundo que devem para sempre permanecer além do poder da psicanálise de alcançá-las ou lançar luz sobre sua natureza; os analistas estariam, portanto, apenas desperdiçando seu tempo.
>
> Ernst Jones

Sentimos, ao longo do livro, a consistência das relações de Freud com a arte. Ele mostrou-se exímio articulador do que fruiu com a teoria que desenvolvia. Não concordamos com a ideia de que a sua abordagem é reducionista, a não ser em alguns momentos. O próprio Freud o reconhecia e soube se recuperar ao aprofundar-se com Michelangelo, valorizando aspectos como a psicologia da composição.[1]

Paul Ricoeur (2010a) mostra que parte da resistência se deve à psicanálise ser hostil às ilusões. "A beleza mais divina e principalmente a mais perfeita – contém o segredo." (Ravaisson, apud Tolstói, 2016, p. 42). A verdadeira obra de arte transcende a psicologia, escapa dos nomes e dos conceitos, já não pode mais ser explicada; por isso, a bem-vinda tendência de sublinhar a abertura de novos sentidos, conforme assinalamos ao longo da evolução estética de Freud. Aqui está o núcleo de nossas observações

---

[1] Jacques Rancière (2009b, p. 47) sublinha o cuidado da abordagem de Freud: "Não responde ao desejo de exibir o segredinho – bobo ou sujo – por trás do grande mito da criação.".

finais: a arte pode brincar e expandir conceitos da psicanálise, tornando-os vitais na clínica.

A obra alcança o sublime como a empatia e o humor, que, para Freud (1927b), se constitui num modelo de criação artística. Mas, apesar de todos os esforços, o mistério e a ilusão seguem intactos e ainda maiores: "A criação da obra da arte é uma afirmação como criador de um mundo imaginário, mais rico e mais fascinante do que a realidade do dia a dia [...]" (Gullar, 2015b, p. 54).

A arte consiste em símbolos, não em sintomas estáticos. A psicanálise, por mais que tente, não pode desvendá-la. O ambíguo, o aberto, o misterioso fazem parte do efeito estético. A ideia nos remete às palavras de um poeta dramaturgo: "Toda a sua magia (da beleza) reside em seu mistério, e a supressão do vínculo necessário de seus elementos é também a supressão de sua essência."[2] (Schiller, 2002, p. 22). Tais prosas me animaram a cometer alguns versos: "Não há estrutura que a descreva/Nem explicação que a devore/Por mais que se vasculhe antes/Toda arte recomeça a ser agora".

Acusar Freud de reducionista pode ser reducionista ao tomar a parte pelo todo. Ao longo da revisão da nossa psicanálise aplicada, vimos que ele não realizou propriamente um sistema das artes. Seria em vão tentar reconstruir uma teoria geral em sua caminhada. Freud não sistematizou a criação artística, mas trouxe aportes variados, contraditórios. Uma das grandes contribuições da psicanálise não foi mostrar que a verdade psíquica é contraditória?

Com respeito, admiração e ambivalência, ele referiu-se aos artistas com o reconhecimento de que precederam na prática a sua teoria. É preciso reconhecer que uma sistematização é impossível e mesmo indesejável: "É certo que, destruída ou não, nenhuma teoria conseguiria abranger a criatividade como um todo, pois não se ignora o fato de que cada artista e cada obra de arte estabeleçam singularidades próprias." (Dionísio, 2012, p. 333).

Este livro teve uma de suas filiações no seminário sobre Freud e arte, cujo subtítulo indagava: prática clínica ou teoria da estética? A pergunta não foi respondida, mas juntamos suas partes para enfatizar os aportes estéticos de Freud à nossa prática clínica. A relação entre arte e psica-

---

[2] Talvez aqui resida uma das explicações para a irritação ou a resistência de tantos artistas diante de uma postura explicativa da psicanálise.

nálise é fundamental em sua obra, e esta não seria a mesma sem aquela. Provavelmente, nem existiria.

As leituras trouxeram dados interessantes: na edição brasileira das obras completas, constam dois apêndices com a listagem de textos que abordam arte e estética. No primeiro, incluído no texto sobre o prêmio Goethe, constam 22 referências; no segundo, relativo a arte e literatura, constam centenas. É arte à beça no livro da psicanálise. Freud admirava os artistas, embora tivesse com eles uma relação de rivalidade que podia variar do menosprezo à adulação. Ernst Jones utiliza o termo inveja (Storry apud Fuller, 1983; Kon, 2001).

Fizemos uma abordagem qualitativa, buscando a cada leitura certas categorias criadas por Freud. Entre elas, sempre insuficientes e intermináveis, destacamos a arte como disfarce, envelope para o símbolo, destino para a pulsão (sublimação), fruto da redução da censura interior com ganho de prazer (de pensar), um mediador entre nós e a coisa, uma aproximação com o sonho, a brincadeira, o devaneio, a imaginação, um recurso de pôr entre parênteses as falhas e as privações, entre tantas outras. Justo aí está a dificuldade de seguir um caminho que leve à sistematização: sempre que a ciência da vida se propõe a isso, aparece uma nova arte com a sua idiossincrasia para detê-la.

Ines Loureiro (2003) reflete sobre eventuais categorias ou direções na obra de Freud como esteta. Ela enfatiza um eixo relativo ao prazer, ao inútil, ao desinteresse (como nos chistes), e outro proveniente da estranheza e da transitoriedade sem deixar de mencionar o interesse pelo belo e a sua importância para a sexualidade. Ainda que úteis, sabemos da insuficiência dessas categorias. Freud não buscou um conteúdo unívoco e nem haveria como. A psicanálise e a arte não deixariam, elas são o estudo do caso e o caso é a singularidade. Green (1994) considerava a obra como um objeto *transnarcísico*, de um narcisismo a outro, uma singularidade a outra, em sintonia com o objeto transicional de Winnicott.

A partir de Freud, a arte nasceria (como tudo) do sexual no destino de uma formação substitutiva desviada da satisfação originária, compensação ou sacrifício cultural como forma de se defender da destruição das pulsões (Conde, 1985; De M'Uzan, 2008). Compreender não é explicar, mas abrir novas possibilidades com uma aplicabilidade clínica enorme: "É preciso dizer apenas o necessário para preservar uma *célula de inteligibilidade*, mas não exagerar para que a linguagem não se transforme em expressão corrente, comum, banal, prosaica." (Green, 1994, p. 53).

Autores contemporâneos, entre psicanalistas e críticos literários, acreditam em um aporte para a estética proveniente da psicanálise, desde que não foque na análise do autor como foi feito tantas vezes por gente séria como René Laforgue, Marie Bonaparte e mesmo Freud. Hoje, preconiza-se uma abordagem mais atenta à obra e ao que ela pode abrir na produção de sentidos até então inconscientes. É preciso afastar-se do artista, não reduzir a sua criação a sintomas. Erigir a busca de pulsões menos individuais e mais universais na direção de mais enigmas ou perguntas entre "[...] o inefável da arte e o indizível da psicanálise, com uma podendo iluminar a outra" (Gagnebin, 1994, p. 30; Groddeck, 2001).

Pelas beiradas da metáfora, parece a forma mais eficaz de se chegar ao artista. E ao analisando, como vimos na evolução do próprio Freud: "Sem poesia, nada de realidade.", diz o esteta Schlegel (1994, p. 107) junto a pintores surrealistas e cineastas como Fellini. Ao lidarmos com a realidade psíquica, somos cineastas, dramaturgos e também surrealistas.

Segundo Gagnebin (1994), o crítico literário e o psicanalista têm a mesma missão: diante da obra e do outro, entre o livro e o divã, fazer emergir a maior quantidade de sentidos possíveis. Importa mais o efeito no outro a partir da relação dual e única entre indivíduo e obra, outra cantilena repetida em nosso livro. A chave é compreender muito além de uma chave só. Psicanalista e crítico têm na interpretação um instrumento importante, respeitadas as diferenças e os cuidados entre interpretar um paciente vivo e uma obra. Diante da arte e do paciente, convém que as interpretações sejam abertas (Bion).

Muito além da teoria, penso que resgatamos, a partir da arte em Freud, algo essencial da técnica psicanalítica. Não cutucar a onça com a vara curta, comer o mingau pelas beiradas, trabalhar com mais arte nas análises. Com abertura, mediação, livre do esgotamento de um significado só e focado na ampliação de outros tantos possíveis. É mais arte como valorização das coisas simples e do artesanato. Em linguagem poética, traduzimos assim: "Mas a poesia era tão pura que ardia/e raramente ouviam – não bastava/ olhar,/então eu a escondia no ensaio/e na ficção/e para sempre não me entregava/à tragédia de um significado só".[3]

Trágica, feito um sintoma pétreo seria a psicanálise de um significado só. O poeta Alex Varela (apud Cicero, 2017, p. 46) define a poesia como

---

[3] *Gêneros*, poema do livro *Tesouro secundário* (Gutfreind, 2017b, p. 45).

"a arte de alcançar de novo a indistinção". A imagem serve para a cura analítica sob os auspícios da estética, quando o sentido unívoco de um sintoma, depois de muita elaboração, alcança a metáfora, o subjetivo, o indistinto. Em prosa, pedimos auxílio ao mestre russo: "A arte é a atividade que consiste em um homem comunicar conscientemente a outros, por certos sinais exteriores, os sentimentos que vivenciou, e os outros serem contaminados por esses sentimentos e também os experimentar." (Tolstói, 2016, p. 12).

No fundo soa simples, e o romancista, que tanto prezou os símbolos, ajuda-nos a erigir a ponte entre estética e psicanálise, aplicadas ao encontro. Ao retomar o esteta Fichte, o mesmo Tolstói enxerga a arte como capaz de educar no sentido de propor um ponto de vista mais capaz de ver o belo. E não seria esse um dos maiores benefícios da psicanálise?

Realizamos uma leitura em ordem cronológica dos textos principais da psicanálise aplicada. Há neles uma coerência com a retomada de pontos principais e a evolução que encontramos ao compararmos o texto sobre Leonardo, mais aplicado, com o de Michelangelo, mais aberto, implicado, sem pressa, com tempo suficiente para chegar a essa beleza e às "poesias mudas".[4] De certa forma, evoca a evolução da primeira tópica para a segunda, mais aberta, complexa, menos racionalista (Freud, 1923a). Flagramos esse trajeto em Freud e em psicanalistas contemporâneos que abordam a estética de forma cada vez mais aberta. O nosso livro, portanto, não poderia criar uma grade; pelo contrário, procurou estar disponível ao inédito e se lançar à prática da criação tanto na forma como no conteúdo. Ele brinca.

Sugestivamente, sob a forma de pergunta, a psicanalista Edna Vilete (2013) chamou um capítulo de seu livro de "O psicanalista – um artista em seu trabalho?". A partir de referências do cinema e do conceito de *holding*, a autora vê no *setting* o espaço que evoca as relações primordiais entre a mãe e o bebê, marcadas por um ambiente solto, livre e associativo como o da criação artística. Ousamos dizer que o nosso livro responde afirmativamente à pergunta da psicanalista e reconhece Freud como precursor de uma visão da arte com potencial terapêutico.

Há uma aproximação entre arte e psicanálise como espaço possível de reparação que, mesmo tendo sido mais bem desenvolvido por autores como

---

[4] Expressão de J.B-Pontalis no Prefácio à tradução francesa do ensaio de Freud sobre Leonardo da Vinci (apud Suchet, 2008).

Klein e Segal, foi introduzido por Freud. Ele trabalhou com o que sabia, arte e ciência juntas, para vasculhar a verdade interior com capacidade de reunir. Se foi insuficiente, os limites parecem vir menos dele do que de seu objeto de estudo – a arte, ou seja, a vida –, já que à completude ninguém parece ainda ter chegado: não é esse o clima que permanece ao final de uma obra e de uma análise? Intermináveis.

Ao reconhecer limites, Freud não reduziu o seu horizonte. Pelo contrário, ampliou a percepção do fenômeno. Foi aqui mais artista (o que amplia) do que psicanalista (o que amplia, se o fizer com arte), pois é na dupla inscrição de ensaísta da psicanálise e escritor que ousamos completar o livro com textos cuja forma busca a expressão artística no tamanho pessoal que conseguimos. Freud e a arte parecem ensinar-nos a esperar como se a estética incrementasse a capacidade negativa ou de não saber, introduzida por Freud e pelo poeta Keats, para depois ser desenvolvida por Bion (1970) ou, antes ainda, sugerida por Sócrates (apud Platão, 2003).

Arte e psicanálise ensinam a não saber. Desinibem para viver, meio maior de vir a saber. O encontro com a arte e com o psicanalista tem em comum a possibilidade de produzir o insólito e relançar-nos a um constante interesse por nós mesmos e pelo mundo (Diatkine, 1994). Arte e psicanálise, com seus ditos, ensinam a integrar o que estava até então dissociado: "Somente o poeta juntou as ruínas/de um mundo desfeito e de novo o fez uno." (Rilke, 2012, p. 201). O poeta, como disse Rilke. E o psicanalista – acrescentamos.

Se a vida só pode ser justificada como um fenômeno estético (Nietzsche), a arte, também. Aprendemos com Freud que ela permite descansar na metáfora da dura e às vezes insuportável realidade. Propicia esperar o desdobramento da coisa e, ao aproximar-se da psicanálise – ou melhor, a psicanálise, que veio depois, aproximar-se dela –, torna-se menos explicativa e mais capaz de implicar-se: "Quando a realidade é louca, a palavra é incerta. O mundo que nele retorna só será suportável se for metamorfoseado. A poesia, o teatro ou a filosofia farão dele uma representação tolerável." (Cyrulnik, 2009, p. 207).

Um psicanalista não apenas resgata as melodias perdidas e achadas na transferência, como as inventadas na primeira infância, espécie de retomada dos núcleos rítmicos (Freud, Honigsztejn). Faz disso uma parte importante de seu arsenal terapêutico, traduzido aqui em letra e música como numa cura, não para prescrever ou abafar a tristeza, mas transformá-la ao poder dizer com arte: "Canta Canta minha Gente./Deixa a tristeza pra lá./Canta forte, canta alto/Que a vida vai melhorar./Que a vida vai melhorar./Que a vida vai melhorar./Que a vida vai melhorar./Que a vida vai melhorar".[5]

Transcendendo metapsicologia e interpretações, a psicanálise apresenta a epifania de momentos em que o mais sagrado e terapêutico é poder cantar. Cantar para resgatar a réstia das primeiras e decisivas canções.

---

[5] Letra e música de Martinho da Vila, com o refrão repetido cinco vezes no original e aqui também; afinal, a análise vive de ritmo e repetição, interminável, talvez. Que a famigerada cura há de vir a um só tempo do que se conta, do que se interpreta, mas também pura e simplesmente do ato de duas vozes se encontrarem para cantar infinitas vozes livre e despretensiosamente.

POSFÁCIO – ÚLTIMA ARTE

Os livros de poemas devem ter margens largas e muitas páginas em branco e suficientes claros nas páginas impressas, para que as crianças possam enchê-los de desenhos – gatos, homens, aviões, casas, chaminés, árvores, luas, pontes, automóveis, cachorros, cavalos, bois, tranças, estrelas – que passarão também a fazer parte dos poemas...

Mario Quintana – Da Paginação

Os livros de psicanálise devem ter margens largas e muitas páginas em branco e suficientes claros nas páginas impressas, para que os adultos possam enchê-los de poemas – metáforas, símbolos, ritmos, bagunças, loucuras, fantasias, esperanças, fantasmas, silêncios, canções, surpresas, enigmas, sugestões, piadas – que passarão também a fazer parte da psicanálise...

Paródia do autor

PRIMEIRA PARTE – EM VERSO

1-
Vivo de mudar roteiros,
programações de berço,
tarefa árdua, roteiros,
programações e tudo isto
têm índole como de resto
– gente, bicho, natureza –
de se repetir até a morte.

Olho, ouço, digo, calo e o faço
prazerosamente repetidamente:
o que, para outros, parece cansar,
em mim revitaliza até que um dia
o que era tempestade das mortes
vira vento, sol, palavra, vira vida.

2-
Sem lero-lero
uma palavra
e recupero

SEGUNDA PARTE – EM PROSA: A SESSÃO E A ARTE

Ela hesitava em se contava ou não o que pensou na sala de espera. Acho que consegui devolver um silêncio acolhedor, porque ela falou que tinha pensado em não entrar, para continuar lendo a revista, mas, se o fizesse, estaria louca de rasgar o dinheiro da sessão e, pior, eu a encheria de explicações do tipo ela não queria entrar, ela era resistente como eu já havia "explicado" que a mãe era resistente a qualquer um da família que se tratasse. E, então, disse que eu era um sujeito estranho, porque acreditava haver uma explicação para tudo.

Fiquei incomodado a ponto de perder a sua fala seguinte, que ainda girava em torno de eu ser um sujeito estranho e explicativo (logo eu que queria ser um artista dentro e fora das sessões). Em seguida, diante de um novo silêncio enigmático, considerei que seria importante comentá-lo: "Não penso que tudo tenha uma explicação. Sinto que há várias, a muitas chegamos, a outras, não". Ali fui acolhido por Freud e a ideia do umbigo do sonho e alguns silêncios acolhedores da minha vó quando vivemos situações em que a deixei de saia justa e ela suportou não saber o que fazer quando eu descia de carrinho de lomba a Rua João Manuel.

Ela sorriu e disse que, talvez, preferisse ficar lendo a revista e que um charuto, às vezes, pode ser apenas um charuto. Como eu havia pensado nessa frase, pensei que ali estava novamente uma sintonia daquelas entre a mãe e o bebê, vividas na transferência. A sequência foi uma enxurrada de desbloqueios com promessa de progresso. Ela evocou algo do artigo da revista e um episódio intenso vivido com o pai. Nada que ali compreendemos, mas que gerou uma semente e rendeu frutos nos meses seguintes.

Mais do que o que foi, me interessa pensar sobre como foi. E no quanto a experiência dificilmente explicável evocou-me a diferença da abordagem estética de Freud no estudo sobre Leonardo da Vinci, em 1910, e sobre Michelangelo, poucos anos depois. Com Leonardo, Freud foi explicativo, e penso que os críticos têm razão de chamá-lo de reducionista. Ele tentou explicar tudo, casar dados da vida do artista com aspectos de sua obra, e o resultado, ainda que brilhante em certos momentos (no narcisismo), teve algo de pífio, porque foi fechado, ao contrário do que conseguiu com Michelangelo, quando esteve menos preocupado em explicar os conteúdos do que em expandir as formas da obra do artista. Como um artista.

Sempre estiveram na aproximação forçada entre vida e obra os resvalos mais reducionistas da psicanálise aplicada: "Realmente, o que poderia ter mudado na atitude de K. (Kafka e sua personagem) se ele tivesse tido pulsões homossexuais ou uma dolorosa história de amor atrás de si? Nada.", pergunta e responde o romancista Milan Kundera (2016, p. 34).

Do trajeto freudiano da razão ao sentimento, a reflexão evoca o psicanalista da infância Alberto Ciccone, ao valorizar na técnica analítica mais a implicação do que a explicação,[1] espécie de bordão do nosso livro. Se esse é o trajeto de Freud e seus sucessores – Green, Winnicott, Kofman, entre tantos outros – na abordagem das relações entre estética e psicanálise, pode ser um norte para a psicanálise em si, munida do que a estética tem de mais aberto e expansivo: não ter um norte que não seja mergulhar no que é humano e alternar, conforme a música, a direção da rosa dos ventos em busca de novos e mais criativos significados.[2]

Infinitas são as pontes entre psicanálise e criação artística. Com uma arte daquelas e uma conversa dessas entre duas línguas estrangeiras em transe, posso encontrar a minha forma própria e verdadeira. Necessário a ambas o "estado artístico",[3] capacidade de ficar triste e suportar o

---

[1] Stefano Bolognini (comunicação oral), com inspiração bioniana, destaca a capacidade do analista de não compreender e não dizer. Sugere uma possível aproximação contemporânea entre arte e psicanálise, com aquela ensinando a essa a capacidade de sentir sem explicar nem intervir. O desenvolvimento de tais habilidades aparece nas observações mães-bebê, modelo Esther Bick (1963), e no quanto importa a forma de uma interpretação.
[2] Bruner (1997, 1998) refere-se à importância da negociação de significados em torno da narrativa.
[3] Júlio Campos, expressão oral não publicada.

mergulho na ambiguidade para emergir com arte ou compreensão, essas alegrias maiores.

Anos antes, no primeiro dia de análise dessa mulher, a morte precoce da mãe na infância da filha e a violência do pai irromperam para explicar a sua dor. Mas explicar essa dor não foi a análise, e, sim, o trabalho dos anos subsequentes com o preenchimento de afetos e possibilidades em meio à explicação inicial que, mesmo quieta, se manteve em riste. Como uma sombra e um silêncio a serem preenchidos pelo sol e a melodia de novos sentidos.

O resultado é uma psicanálise com mais nuanças, menos "psicanalítica", menos explicativa, mais sensorial. Uma psicanálise estética. Com menos portantos e porquês. Com mais es e es e es. Como uma arte.

REFERÊNCIAS

ABRAHAM, N.; TOROK, M. *A casca e o núcleo*. São Paulo: Escuta, 1995.

ADAMS, L. S. *Art and psychoanalysis*. New York: IconEditions, 1993.

ADORNO, T. W. *Notas de literatura I*. São Paulo: Editora 34, 2012. (Espírito Crítico).

ANDRADE, C. D. *Antologia poética*. São Paulo: Companhia das Letras, 2012.

ANDRÉ, J. L'enfant de l'amour. In: MCDOUGALL, J. et al. *L'artiste et le psychanalyste*. Paris: Puf, 2008. p. 149-158. (Petite bibliothèque de psychanalyse).

ANZIEU, D. As marcas do corpo na escrita: um estudo psicanalítico do estilo narrativo. In: ANZIEU, D. et al. *Psicanálise e linguagem:* do corpo à fala. São Paulo: Casa do Psicólogo, 1997. cap. 8.

ANZIEU, D. *Le penser:* du moi-peau au moi-pensant. Paris: Dunod, 1994.

ARISTÓTELES. Arte poética. In: ARISTÓTELES; HORÁCIO; LONGINO. *A poética clássica*. 12. ed. São Paulo: Cultrix, 2005.

ARTAUD, A. *El arte y la muerte*. Buenos Aires: Caja Negra, 2005.

AULAGNIER, P. *A violência da interpretação:* do pictograma ao enunciado. Rio de Janeiro: Imago, 1979.

BENJAMIN, W. O narrador: considerações sobre a obra de Nikolai Leskov. In: BENJAMIN, W. *Magia e técnica, arte e política:* ensaios sobre literatura e história da cultura. 8. ed. São Paulo: Brasiliense, 2012. (Obras escolhidas, 1).

BERENGER CARÍSOMO, A. *As faces de Garcia Lorca*. São Paulo: Ícone, 1987.

BERSANI, L. *El cuerpo freudiano:* psicoanálisis y arte. Buenos Aires: El Cuenco de Plata, 2011.

BETTELHEIM, B. *Psychanalyse des contes de fées*. Paris: Robert Laffont, 1976.

BICK, E. (1986). Considérations ultérieures sur la function de la peau dans lês relations d'objets précoces. In: WILLIAMS, M. H. *Les écrits de Martha Harris et d'Esther Bick*. Larmor-Plage: Hublot, 1998.

BICK, E. (1963). Notes sur l'observation de bébé dans la formation psychanalytique. In: WILLIAMS, M. H. *Les écrits de Martha Harris et d'Esther Bick*. Larmor-Plage: Hublot, 1998.

BION, W. (1970). *Atenção e Interpretação*. 2. ed. Rio de Janeiro: Imago, 2006.

BION, W. (1962). *Aux sources de l'expérience*. Paris: Puf, 1979.

BION, W. (1963). *Eléments de la psychanalyse*. Paris: Puf, 1979.

BIRMAN, J. A escrita em psicanálise: sobre o discurso freudiano. *Calibán*, v. 12, n. 1, p. 226-238, 2014.

BIRMAN, J. *Por uma estilística da existência*. São Paulo: Editora 34, 1996.

BLOOM, H. *Como e por que ler*. Rio de Janeiro: Objetiva, 2000.

BOSI, A. *Reflexões sobre a arte*. 7. ed. São Paulo: Ática, 2000.

BOTELLA, C.; BOTELLA, S. *Irrepresentável:* mais além da interpretação. Porto Alegre: Criação Humana; Sociedade de Psicologia do Rio Grande do Sul, 2002.

BOWLBY, J. *Soins maternels et santé mentale*. Genève: OMS, 1951.

BOWLBY, J. *Attachement et perte 2: la separation: angoisse et colère*. Paris: Puf, 1978.

BOWLBY, J. (1979). *Formação e rompimento dos laços afetivos*. 2. ed. São Paulo: Martins Fontes, 1990.

BRUNER, J. *Atos de significação*. Porto Alegre: Artmed, 1997.

BRUNER, J. *Realidade mental, mundos possíveis*. Porto Alegre: Artmed, 1998.

BRUNER, J. *La fábrica de histórias:* derecho, literatura, vida. 2. ed. Buenos Aires: Fondo de Cultura Econômica, 2013. (Psicología, psiquiatría y psicoanálisis).

CASSORLA, R. *O psicanalista, o teatro dos sonhos e a clínica do enactment*. São Paulo: Blucher-Karnak, 2016.

CHASSEGUET-SMIRGEL, J. *Pour une psychanalyse de l'art et de la créativité*. Paris: Payot, 1971.

CHASSEGUET-SMIRGUEL, J. *O ideal do ego*. Porto Alegre: Artes Médicas, 1992.

CHAVES, E. Prefácio: o paradigma estético de Freud. In : FREUD, S. *Arte, literatura e os artistas*. Belo Horizonte: Autêntica, 2015. (Obras Incompletas de Sigmund Freud).

CICCONE, A. Naissance à la pensée et partage d'affects. In: VINCULOS TEMPRANOS, CLINICA Y DESARROLLO INFANTIL, 2007, Montevideo. *Anales...* Montevideo: Universidad de la Republica, 2007.

CICERO, A. *A poesia e a crítica*. São Paulo: Companhia das Letras, 2017.

COBLENCE, F. *Les attraits du visible:* Freud et l'esthétique. Paris: Puf, 2005.

CONDE, T. *Las ideas estéticas de Freud*. Mexico: Grijalbo, 1985.

CONTE, J. O silêncio dos espaços infinitos. In: SOUZA, E. L. A.; TESSLER, E.; SLAVUTZKY, A. (Org.). *A invenção da vida:* arte e psicanálise. Porto Alegre: Artes & Ofícios, 2001.

CORSO, D. L.; CORSO, M. *Adolescência em cartaz:* filmes e psicanálise para entendê-la. Porto Alegre: Artmed, 2018.

COSTA, G. P. *A clínica psicanalítica das patologias contemporâneas.* Porto Alegre: Artmed, 2010.

CRAMER, B.; PALACIO-ESPAZA, F. *La Pratique des psychothérapies mères-bébés:* études cliniques et techniques. Paris: Puf, 1993. (Le fil rouge).

CYRULNIK, B. *Autobiografia de um espantalho:* histórias de resiliência: o retorno à vida. São Paulo: WMF Martins Fontes, 2009.

DELEUZE, G. *Crítica e clínica.* São Paulo: Editora 34, 2011.

DELOUYA, D. O tempo de encontro. *Associação Livre,* Brasília, ano 5, n. 7, p. 10-12, 2016. Jornal da Sociedade de Psicanálise de Brasília.

DE M'UZAN, M. L'enfer de la créativité. In: MCDOUGALL, J. et al. *L'artiste et le psychanalyste.* Paris: Puf, 2008. p. 35-46. (Petite bibliothèque de psychanalyse).

DEWEY, J. *Arte como experiência.* São Paulo: Martins Fontes, 2010.

DIATKINE, R. *L'enfant dans l'adulte ou l'éternelle capacité de rêverie.* Lonay (Suisse): Delachaux et Niestlé, 1994. (Champs psychanalytiques).

DICKINSON, E. *Alguns poemas.* São Paulo: Iluminuras, 2006.

DIONÍSIO, G. H. *Pede-se abrir os olhos:* psicanálise e reflexão estética hoje. São Paulo: Annablume, 2012.

DUNKER, C. *Reinvenção da intimidade:* políticas do sofrimento cotidiano. São Paulo: Ubu, 2017.

ECO, U. *L'oeuvre ouverte.* Paris: Seuil, 1965.

ECO, U. *Confissões de um jovem romancista.* São Paulo: Cosac Naify, 2013.

EIZIRIK, C. L. Alguns aspectos da formação analítica. *Jornal de Psicanálise,* v. 48, n. 88, p. 53-65, 2015.

ESPÍNOLA, A. *Escritos ao sol:* antologia. Rio de Janeiro: Record, 2015.

FAIMBERG, H. *Gerações:* mal-entendido e verdades históricas. Porto Alegre: Criação Humana, 2001.

FERENCZI, S. (1918). La psychologie du conte. In: FERENCZI, S. *Œuvres completes*: psychanalyse [1913-1919]. Paris: Payot, 1970. v. 2, p. 302-303. (Science de l'homme).

FERENCZI, S. (1923). Le revê du nourrisson savant. In: FERENCZI, S. *Œuvres completes:* psychanalyse [1919-1926]. Paris: Payot, 1974. v. 3, p. 203. (Science de l'homme).

FERRANTE, E. *Dias de abandono*. São Paulo: Globo, 2016.

FERRO, A. *A psicanálise como literatura e terapia*. Rio de Janeiro: Imago, 2000.

FONSECA, E. A. *A palavra in-sensata:* poesia e psicanálise. São Paulo: Escuta, 1993.

FRAYZE-PEREIRA, J. A. Recepção estética em exposições de arte: ilusão, criação, perversão. In: SOUZA, E. L. A.; TESSLER, E.; SLAVUTZKY, A. (Org.). *A invenção da vida:* arte e psicanálise. Porto Alegre: Artes & Ofícios, 2001.

FRAYZE-PEREIRA, J. A. Estética, psicanálise implicada e crítica de arte, Revista Brasileira de Psicanálise, v. 38, n.2, p. 443-452, 2004.

FRAYZE-PEREIRA, J. A. *Arte, dor:* inquietudes entre estética e psicanálise. São Paulo: Ateliê, 2005.

FREITAS, N. *Algumas relações entre arte e psicanálise a partir da teoria crítica*. 2006. Dissertação (Mestrado em Psicologia) – Instituto de Psicologia, Universidade de São Paulo, São Paulo, 2006.

FREUD, S. (1895a). Obsessões e fobias: seu mecanismo psíquico e sua etiologia. In: FREUD, S. *Obras psicológicas completas*. Rio de Janeiro: Imago, 1996. (Edição Standard Brasileira, 1).

FREUD, S. (1895b). Projeto para uma psicologia científica. In: FREUD, S. *Obras psicológicas completas*. Rio de Janeiro: Imago, 1996. (Edição Standard Brasileira, 3).

FREUD, S. (1897). Manuscrito N, anexo à carta a Fliess. In: FREUD, S. *Obras psicológicas completas*. Rio de Janeiro: Imago, 1996. (Edição Standard Brasileira, 1).

FREUD, S. (1899). Lembranças encobridoras. In: FREUD, S. *Obras psicológicas completas*. Rio de Janeiro: Imago, 1996. (Edição Standard Brasileira, 2).

FREUD, S. (1900). A interpretação dos sonhos. In: FREUD, S. *Obras psicológicas completas*. Rio de Janeiro: Imago, 1996. (Edição Standard Brasileira, 4).

FREUD, S. (1905a). O chiste e suas relações com o inconsciente. In: FREUD, S. *Obras psicológicas completas*. Rio de Janeiro: Imago, 1996. (Edição Standard Brasileira, 8).

FREUD, S. (1905b). Sobre a psicoterapia. In: FREUD, S. *Obras psicológicas completas*. Rio de Janeiro: Imago, 1996. (Edição Standard Brasileira, 7).

FREUD, S. (1905c). Três ensaios sobre a teoria da sexualidade. In: FREUD, S. *Obras psicológicas completas*. Rio de Janeiro: Imago, 1996. (Edição Standard Brasileira, 7).

FREUD, S. (1906). Personagens psicopáticos no palco. In: FREUD, S. *Obras psicológicas completas*. Rio de Janeiro: Imago, 1996. (Edição Standard Brasileira, 7).

FREUD, S. (1907). Delírios e sonhos na Gradiva de Jensen. In: FREUD, S. *Obras psicológicas completas*. Rio de Janeiro: Imago, 1996. (Edição Standard Brasileira, 9).

FREUD, S. (1908). Escritores criativos e devaneio. In: FREUD, S. *Obras psicológicas completas*. Rio de Janeiro: Imago, 1996. (Edição Standard Brasileira, 9).

FREUD, S. (1909a). Duas histórias clínicas (o "Pequeno Hans" e o "Homem dos ratos"). In: FREUD, S. *Obras psicológicas completas*. Rio de Janeiro: Imago, 1996. (Edição Standard Brasileira, 10).

FREUD, S. (1909b). Romances familiares. In: FREUD, S. *Obras psicológicas completas*. Rio de Janeiro: Imago, 1996. (Edição Standard Brasileira, 9).

FREUD, S. (1910a). Leonardo da Vinci e uma lembrança da sua infância. In: FREUD, S. *Obras psicológicas completas*. Rio de Janeiro: Imago, 1996. (Edição Standard Brasileira, 11).

FREUD, S. (1910b). Psicanálise silvestre. In: FREUD, S. *Obras psicológicas completas*. Rio de Janeiro: Imago, 1996. (Edição Standard Brasileira, 11).

FREUD, S. (1910c). Um tipo especial de escolha de objeto feita pelos homens (contribuições à psicologia do amor I). In: FREUD, S. *Obras psicológicas completas*. Rio de Janeiro: Imago, 1996. (Edição Standard Brasileira, 11).

FREUD, S. (1911a). Formulações sobre os dois princípios do funcionamento mental. In: FREUD, S. *Obras psicológicas completas*. Rio de Janeiro: Imago, 1996. (Edição Standard Brasileira, 12).

FREUD, S. (1911b). Notas psicanalíticas sobre um relato autobiográfico de um caso de paranoia (dementia paranoides). In: FREUD, S. *Obras psicológicas completas*. Rio de Janeiro: Imago, 1996. (Edição Standard Brasileira, 12).

FREUD, S. (1912). A dinâmica da transferência. In: FREUD, S. *Obras psicológicas completas*. Rio de Janeiro: Imago, 1996. (Edição Standard Brasileira, 12).

FREUD, S. (1913a). A ocorrência, em sonhos, de material oriundo de contos de fadas. In: FREUD, S. *Obras psicológicas completas*. Rio de Janeiro: Imago, 1996. (Edição Standard Brasileira, 12).

FREUD, S. (1913b). O interesse científico da psicanálise. In: FREUD, S. *Obras psicológicas completas*. Rio de Janeiro: Imago, 1996. (Edição Standard Brasileira, 13).

FREUD, S. (1913c). Sobre a psicanálise. In: FREUD, S. *Obras psicológicas completas*. Rio de Janeiro: Imago, 1996. (Edição Standard Brasileira, 12).

FREUD, S. (1913d). Totem e tabu. In: FREUD, S. *Obras psicológicas completas*. Rio de Janeiro: Imago, 1996. (Edição Standard Brasileira, 13).

FREUD, S. (1914a). À guisa de introdução ao narcisismo. In: FREUD, S. *Escritos sobre a psicologia do inconsciente*. Rio de Janeiro: Imago, 2004. v. 1.

FREUD, S. (1914b). A história do movimento psicanalítico. In: FREUD, S. *Obras psicológicas completas*. Rio de Janeiro: Imago, 1996. (Edição Standard Brasileira, 14).

FREUD, S. (1914c). O Moisés de Michelangelo. In: FREUD, S. *Obras psicológicas completas*. Rio de Janeiro: Imago, 1996. (Edição Standard Brasileira, 13).

FREUD, S. (1914d). Recordar, repetir e elaborar (novas recomendações sobre a técnica da psicanálise II). In: FREUD, S. *Obras psicológicas completas*. Rio de Janeiro: Imago, 1996. (Edição Standard Brasileira, 12).

FREUD, S. (1915). Sobre a transitoriedade. In: FREUD, S. *Obras psicológicas completas*. Rio de Janeiro: Imago, 1996. (Edição Standard Brasileira, 14).

FREUD, S. (1916a). Alguns tipos de caráter encontrados no trabalho psicanalítico. In: FREUD, S. *Obras psicológicas completas*. Rio de Janeiro: Imago, 1996. (Edição Standard Brasileira, 14).

FREUD, S. (1916b). Conferências introdutórias sobre psicanálise. In: FREUD, S. *Obras psicológicas completas*. Rio de Janeiro: Imago, 1996. (Edição Standard Brasileira, 16).

FREUD, S. (1917a). Luto e melancolia. In: FREUD, S. *Obras psicológicas completas*. Rio de Janeiro: Imago, 1996. (Edição Standard Brasileira, 12).

FREUD, S. (1917b). O homem dos lobos. In: FREUD, S. *Obras psicológicas completas*. Rio de Janeiro: Imago, 1996. (Edição Standard Brasileira, 14).

FREUD, S. (1917c). Uma recordação de infância de dichtung ind warheit. In: FREUD, S. *Obras psicológicas completas*. Rio de Janeiro: Imago, 1996. (Edição Standard Brasileira, 9).

FREUD, S. (1919). O estranho. In: FREUD, S. *Obras psicológicas completas*. Rio de Janeiro: Imago, 1996. (Edição Standard Brasileira, 17).

FREUD, S. (1920). Além do princípio do prazer. In: FREUD, S. *Obras psicológicas completas*. Rio de Janeiro: Imago, 1996. (Edição Standard Brasileira, 18).

FREUD, S. (1921). Psicologia de grupo e análise do ego. In: FREUD, S. *Obras psicológicas completas*. Rio de Janeiro: Imago, 1996. (Edição Standard Brasileira, 18).

FREUD, S. (1922). Breves escritos. In: FREUD, S. *Obras psicológicas completas*. Rio de Janeiro: Imago, 1996. (Edição Standard Brasileira, 18).

FREUD, S. (1923a). O ego e o id. In: FREUD, S. *Obras psicológicas completas*. Rio de Janeiro: Imago, 1996. (Edição Standard Brasileira, 19).

FREUD, S. (1923b). Uma neurose demoníaca o Século XVII. In: FREUD, S. *Obras psicológicas completas*. Rio de Janeiro: Imago, 1996. (Edição Standard Brasileira, 19).

FREUD, S. (1924). As resistências à psicanálise. In: FREUD, S. *Obras psicológicas completas*. Rio de Janeiro: Imago, 1996. (Edição Standard Brasileira, 19).

FREUD, S. (1925a). A negativa. In: FREUD, S. *Obras psicológicas completas*. Rio de Janeiro: Imago, 1996. (Edição Standard Brasileira, 19).

FREUD, S. (1925b). Um estudo autobiográfico. In: FREUD, S. *Obras psicológicas completas*. Rio de Janeiro: Imago, 1996. (Edição Standard Brasileira, 20).

FREUD, S. (1926). *Entrevista a George Sylvester Viereck*. Disponível em: <http://www.freudiana.com.br/destaques-home/entrevista-com-freud.html>. Acesso em: 24 mar. 2018.

FREUD, S. (1927a). O futuro de uma ilusão. In: FREUD, S. *Obras psicológicas completas*. Rio de Janeiro: Imago, 1996. (Edição Standard Brasileira, 21).

FREUD, S. (1927b). O humor. In: FREUD, S. *Obras psicológicas completas*. Rio de Janeiro: Imago, 1996. (Edição Standard Brasileira, 21).

FREUD, S. (1928). Dostoievski e o parricídio. In: FREUD, S. *Obras psicológicas completas*. Rio de Janeiro: Imago, 1996. (Edição Standard Brasileira, 21).

FREUD, S. (1930a). O mal-estar na civilização. In: FREUD, S. *Obras psicológicas completas*. Rio de Janeiro: Imago, 1996. (Edição Standard Brasileira, 18).

FREUD, S. (1930b). Prêmio Goethe. In: FREUD, S. *Arte, literatura e os artistas*. Belo Horizonte: Autêntica, 2015. (Obras Incompletas de Sigmund Freud).

FREUD, S. (1932a). *Essais de psychanalyse appliquée*. Paris: Gallimard, 1952.

FREUD, S. (1932b). Novas conferências introdutórias sobre psicanálise. In: FREUD, S. *Obras psicológicas completas*. Rio de Janeiro: Imago, 1996. (Edição Standard Brasileira, 22).

FREUD, S. (1937). Análise terminável e interminável. In: FREUD, S. *Obras psicológicas completas*. Rio de Janeiro: Imago, 1996. (Edição Standard Brasileira, 22).

FREUD, S. (1939). Moisés e o monoteísmo: três ensaios. In: FREUD, S. *Obras psicológicas completas*. Rio de Janeiro: Imago, 1996. (Edição Standard Brasileira, 23).

FREUD, S. *Arte, literatura e os artistas*. Belo Horizonte: Autêntica, 2015a. (Obras Incompletas de Sigmund Freud).

FREUD, S. *Cartas de amor*. Madrid: Trasantier, 2015b.

FREUD, S.; BREUER, J. (1893). Estudos sobre a histeria. In: FREUD, S. *Obras psicológicas completas*. Rio de Janeiro: Imago, 1996. (Edição Standard Brasileira, 2).

FULLER, P. *Arte e psicanálise*. Lisboa: Don Quixote, 1983.

GAGNEBIN, M. *Pour une esthétique psychanalytique*. Paris: Puf, 1994.

GALEANO, E. *O livro dos abraços*. Porto Alegre: L&PM, 1991.

GIRON, M. C. C. *Psicanálise e arte:* a busca do latente. Porto Alegre: Rígel, 2007.

GOLSE, B. *Du corps à la pensée*. Paris: Puf, 1999.

GOMBRICH, E. *Meditações sobre um cavalinho de pau e outros ensaios sobre a teoria da arte*. São Paulo: Edusp, 1999.

GOMBRICH, E. H. *A história da arte*. Rio de Janeiro: LTC, 2013.

GOMPERTZ, W. *Pense como um artista... e tenha uma vida mais criativa e produtiva*. Rio de Janeiro: Zahar, 2015.

GREEN, A. *O desligamento:* psicanálise, antropologia e literatura. Rio de Janeiro: Imago, 1994.

GREEN, A. *Un psychanalyste engagé:* conversations avec Manuel Marcias. Paris: Hachette Littératures, 2011. (Pluriel).

GREIG, G. *Café com Lucian Freud:* um retrato do artista. Rio de Janeiro: Record, 2013.

GRODDECK, G. *Escritos psicanalíticos sobre literatura e arte*. São Paulo: Perspectiva, 2001.

GUERRA, V. *El ritmo en la vida psíquica. Dialogos entre psicoanálisis y arte*. Conferência inédita, Córdoba, 2015.

GUILLAUMIN, J. *Le moi sublime:* psychanalyse de la créativité. Paris: Dunod, 1998.

GULLAR, F. *Autobiografia poética e outros textos.* Rio de Janeiro: Autêntica, 2015a.

GULLAR, F. *Cultura posta em questão:* vanguarda e subdesenvolvimento: ensaios sobre arte. Rio de Janeiro: José Olympio, 2002.

GULLAR, F. *Nise da Silveira*. Rio de Janeiro: Relume Dumará, 1996.

GULLAR, F. *Poemas escolhidos.* Rio de Janeiro: Nova Fronteira, 2015b.

GUTFREIND, C. *A dança das palavras:* poesia e narrativa para pais e professores. Porto Alegre: Artes & Ofícios, 2012.

GUTFREIND, C. *A infância através do espelho:* a criança no adulto, a literatura na psicanálise. Porto Alegre: Artmed, 2014.

GUTFREIND, C. *As duas análises de uma fobia em um menino de cinco anos:* pequeno Hans: a psicanálise da criança ontem e hoje. Rio de Janeiro: Civilização Brasileira, 2008.

GUTFREIND, C. *É fogo.* Belo Horizonte: Dimensão, 2011.

GUTFREIND, C. *Em defesa de certa desordem*. Porto Alegre: Artes & Ofícios, 2013.

GUTFREIND, C. *Hotelzinho da Sertório*. Porto Alegre: Secretaria Municipal da Cultura de Porto Alegre, 1991. (Petit Poa, 7).

GUTFREIND, C. *Narrar, ser mãe, ser pai e outros ensaios sobre a parentalidade*. Rio de Janeiro: Difel, 2010a.

GUTFREIND, C. *O terapeuta e o lobo:* a utilização do conto na psicoterapia da criança. Porto Alegre: Artes & Ofícios, 2010b.

GUTFREIND, C. Psicanálise: a narrativa interminável. In: KRÜGER, L.; REFOSCO, L. L.; SILVA, S. M. (Org.). *Interlocuções na fronteira entre psicanálise e arte.* Porto Alegre: Artes & Ecos, 2017a.

GUTFREIND, C. *Tesouro secundário.* Porto Alegre: Artes & Ecos, 2017b.

HERRMANN, F. *A infância de Adão e outras ficções freudianas.* São Paulo: Casa do Psicólogo, 2002.

HILLMAN, J. *Ficções que curam:* psicoterapia e imaginação em Freud, Jung e Adler. Campinas: Verus, 2010.

HONIGSZTEJN, H. *A psicologia da criação.* Rio de Janeiro: Imago, 1990. (Analytica).

HORENSTEIN, M. Histórias contadas, histórias construídas. *Revista de Psicanálise da Sociedade Psicanalítica de Porto Alegre,* v. 19, n. 3, p. 585-595, 2012.

HOUELLEBECQ, M. *Poesía.* Barcelona: Anagrama, 2012.

HUGHES, T. *Selected translations.* London: Faber & Faber, 2006.

HUSTON, N. *A espécie fabuladora:* um breve estudo sobre a humanidade. Porto Alegre: L&PM, 2010.

JONES, E. *A vida e obra de Sigmund Freud.* Rio de Janeiro: Imago, 1989. 2 v.

JUNG, C. G. *O homem e seus símbolos.* 2. ed. Rio de Janeiro: Nova Fronteira, 1964.

KAËS, R. Introdução: o sujeito da herança. In: KAËS, R. et al. *Transmissão da vida psíquica entre gerações.* São Paulo: Casa do Psicólogo, 2001.

KANT, I. *Crítica da faculdade de julgar.* Rio de Janeiro: Vozes, 2017. (Pensamento Humano).

KAVÁFIS, K. *Poemas.* Rio de Janeiro: Nova Fronteira, 1982. (Poesis).

KLEIN, M. (1930). L'importance de la formation du symbole dans le développement du moi. In: KLEIN, M.; DERRIDA, M. *Essais de psychanalyse:* (1921-1945). Paris: Payot, 1967.

KLEIN, M. (1975). *Inveja e Gratidão e outros trabalhos:* 1946-1963. Rio de Janeiro: Imago, 1991. (As obras completas de Melaine Klein, 3).

KOFMAN, S. *A infância da arte:* uma interpretação da estética freudiana. Rio de Janeiro: Relume-Dumará, 1996.

KOHUT, H. *Self e narcisismo.* Rio de Janeiro: Zahar, 1984.

KON, N. M. Entre a psicanálise e a arte. In: SOUZA, E. L. A.; TESSLER, E.; SLAVUTZKY, A. (Org.). *A invenção da vida:* arte e psicanálise. Porto Alegre: Artes & Ofícios, 2001.

KON, N. M. *A viagem:* da literatura à psicanálise. São Paulo: Companhia das Letras, 2003.

KON, N. M. Posfácio. In: FREUD, S. *Escritos sobre literatura*. São Paulo: Hedra, 2014a.

KON, N. M. *Freud e seu duplo:* reflexões entre psicanálise e arte. 2. ed. São Paulo: Edusp, 2014b.

KONICHECKIS, A. Le récit comme une berceuse: profondeur et temporalité psychique. In: GOLSE, B.; MISSONNIER, S. (Dir.). *Récit, attachement et psychanalyse*: pour une clinique de la narrativité. Ramonville-Saint-Agne: Érès, 2005. p. 121-133. (La vie de l'enfant).

KRIS, E. *Psicanálise da arte.* São Paulo: Brasiliense, 1968.

KRISTEVA, J. *Le grands entretiens d´artpress*. Paris: Artpress, 2014.

KUNDERA, M. *A arte do romance.* São Paulo: Companhia das Letras, 2016.

LACAN, J. (1949). Le stade du miroir comme formateur de la fonction du Jeu telle qu'elle nous est révélée dans l'expérience psychanalytique. In: LACAN, J. *Écrits*. Paris: Seuil, 1966. p. 93-100.

LACAN, J. (1956). *Seminário 4:* a relação de objeto. Rio de Janeiro: Jorge Zahar, 1995.

LACAN, J. (1959). *Le Séminaire, 7:* l'éthique de la psychanalyse. Paris: Seuil, 1986. (Le Séminaire, 7).

LAFFORGUE, P. *Petit poucet deviendra grand:* le travail du conte. Bordeaux: Mollat, 1995.

LAPLANCHE, J. Narrativité et herméneutique: quelques propositions. *Revue Française de Psychanalyse*, Paris, v. 62, n. 3, p. 889-893, 1998.

LEBOVICI, S. *L'arbre de vie:* eléments de la psychopathologie du bébé. Ramonville Saint-Agne: Érès, 1998.

LEBOVICI, S. Diálogo Leticia Solis-Ponton e Serge Lebovici. In: SOLIS-PONTON, L. (Org.). *Ser pai, ser mãe:* parentalidade: um desafio para o próximo milênio. São Paulo: Casa do Psicólogo, 2004. cap. 1.

LOUREIRO, I. Sobre as várias noções de estética em Freud. *Pulsional Revista de Psicanálise*, v. 16, n. 175, p. 23-32, 2003.

MAHLER, M. *O nascimento psicológico da criança.* Porto Alegre: Artmed, 1993.

MANN, T. *Pensadores modernos:* Freud, Nietzsche, Wagner e Schopenhauer. Rio de Janeiro: Zahar, 2015.

MARTINS, C. *A criação artística e a psicanálise.* Porto Alegre: Sulina, 1970. (Édipo, 2).

MARTINS, M. A. *Epilepsias e outros estudos psicanalíticos.* Porto Alegre: Artes Médicas, 1983.

MCDOUGALL, J. *Théatres du Je.* Paris: Gallimard, 1982. (Connaissance de l'inconscient).

MCDOUGALL, J. et al. *L´artiste et le psychanalyste*. Paris: Puf, 2008. (Petite bibliothèque de psychanalyse).

MEIRA, A. C. S. *A escrita científica no divã:* entre as possibilidades e as dificuldades para com o escrever. Porto Alegre: Sulina, 2016.

MEIRELES, C. *Ou isto ou aquilo*. Rio de Janeiro: Nova Fronteira, 1990.

MELTZER, D.; WILLIAMS, M. H. *A apreensão do belo:* o papel do conflito estético no desenvolvimento, na violência e na arte. Rio de Janeiro: Imago, 1994.

MENEGHINI, L. C. *Freud e a literatura e outros temas de psicanálise aplicada*. Porto Alegre: UFRGS, 1972.

MEREJKOVSKI, D. *Leonardo da Vinci:* el romance de su vida. México: Diana, 1953.

MERLEAU-PONTY, M. *O olho e o espírito*. São Paulo: Cosac Naify, 2004.

MEZAN, R. *Freud, pensador da cultura*. São Paulo: Brasiliense, 1985.

MILLS, J. C.; CROWLEY, R. J. *Métaphores thérapeutiques pour enfants*. Marseille: Hommes et perspectives; Paris: Desclée de Brouwer, 1995.

MILNER, M. *A loucura suprimida do homem são:* quarenta e quatro anos explorando a psicanálise. Rio de Janeiro: Imago 1991. (Nova Biblioteca de Psicanálise).

MISHIMA, Y. *Neve de primavera*. São Paulo: Benvirá, 2013.

MURAKAMI, H. *Romancista como vocação*. Rio de Janeiro: Alfaguara, 2017.

NAKOV, A. Expérience esthétique, contenance et transformation. *Journal de la psychanalyse de l´enfant*, v. 2, p. 579-598, 2012.

NERUDA, P. *Ainda*. Rio de Janeiro: José Olympio, 1971.

NIETZSCHE, F. *A origem da tragédia*. Lisboa: Guimarães, 1954.

OGDEN, T. *Esta arte da psicanálise:* sonhando sonhos não sonhados e gritos interrompidos. Porto Alegre: Artmed, 2010.

OGDEN, T. *Leituras criativas*: ensaios sobre obras analíticas seminais. São Paulo: Escuta, 2014.

PAREYSON, L. *Os problemas da estética*. São Paulo: Martins Fontes, 1984.

PAVLOVSKY, E. *Espacios y creatividad*. Buenos Aires: Búsqueda, 1980.

PAVLOVSKY, E. *Proceso creador:* terapia y existência. Buenos Aires: Búsqueda, 1982.

PAZ, O. *Marcel Duchamp ou o castelo da pureza*. 3. ed. São Paulo: Perspectiva, 2014.

PICHON-RIVIÈRE, E. *El proceso creador:* del psicoanálisis a la psicologia social. Buenos Aires: Nueva Visión, 1997. t. 3.

PIERPONT, C. R. *Roth libertado:* o escritor e seus livros. São Paulo: Companhia das Letras, 2015.

PIGLIA, R. Os sujeitos trágicos (literatura e psicanálise). In: PIGLIA, R. *Formas breves*. São Paulo: Companhia das Letras, 2004.

PIXINGUINHA. Rosa. Intérprete: Orlando Silva. In: SILVA, O. *Orlando Silva & Regional*. Rio de Janeiro: RCA, 1937. 1 disco sonoro. Lado B.

PLATÃO. *A república*. São Paulo: Martin Claret, 2003. (Obra-prima de cada autor).

POE, E. A. *O corvo*. São Paulo: Melhoramentos, 2012.

POLITZER, G. *Crítica dos fundamentos da psicologia:* a psicologia e a Psicanálise. Piracicaba: Unimep, 1998.

PONTALIS, J. B.; MANGO, E. G. *Freud com os escritores*. São Paulo: Três Estrelas, 2014.

POUND, E. *Abc da literatura*. 3. ed. São Paulo: Cultrix, 1976.

PROPP, V. A. (1928). *Morphologie du conte*. Paris: Seuil, 1970.

PROPP, V. A. (1946). *Les racines historiques du conte merveilleux*. Paris: Gallimard, 1983. (Bibliothèque des sciences humaines, 79).

QUINODOZ, J. *Ler Freud:* guia de leitura da obra de S. Freud. Porto Alegre: Artmed, 2007.

QUINTANA, M. *Esconderijos do tempo*. 2. ed. Porto Alegre: L&PM, 1980.

QUINTANA, M. *Nova antologia poética*. 2. ed. Rio de Janeiro: Codecri, 1981.

QUINTANA, M. *Melhores poemas*. 17. ed. São Paulo: Global, 2005.

QUINTANA, M. *Apontamentos de história sobrenatural*. Rio de Janeiro: Alfaguara, 2012a.

QUINTANA, M. *Canções seguido de sapato florido e a rua dos cataventos*. Rio de Janeiro: Alfaguara, 2012b.

QUINTANA, M. *Caderno H*. Rio de Janeiro: Alfaguara, 2013.

RANCIÈRE, J. *A partilha do sensível:* estética e política. São Paulo: Editora 34, 2009a.

RANCIÈRE, J. *O inconsciente estético*. São Paulo: Editora 34, 2009b.

RANK, O. *O duplo:* um estudo psicanalítico. Porto Alegre: Dublinense, 2013.

RANK, O. *O mito do nascimento do herói:* uma interpretação psicológica dos mitos. São Paulo: Cienbook, 2015.

REGNAULT, F. *Em torno do vazio:* a arte à luz da psicanálise. Rio de Janeiro: Contra Capa, 2001.

RICOEUR, P. *Escritos e conferências 1:* em torno da psicanálise. São Paulo: Loyola, 2010a.

RICOEUR, P. *Tempo e narrativa*. São Paulo: Martins Fontes, 2010b. 3 v.

RILKE, R. M. *Poemas*. São Paulo: Companhia das Letras, 2012.

RIVERA, T. *Arte e psicanálise*. Rio de Janeiro: Zahar, 2002. (Psicanálise passo-a--passo, 13).

RIVERA, T. *Guimarães Rosa e a psicanálise:* ensaios sobre imagem e escrita. Rio de Janeiro; Zahar, 2005. (Transmissão da psicanálise).

ROLLAND, J. *Os olhos da alma*. São Paulo: Blucher, 2016.

ROUANET, S. P. *Teoria crítica e psicanálise*. Rio de Janeiro: Tempo Universitário, 2001. (Tempo Universitário, 66).

ROUDINESCO, E. *Sigmund Freud na sua época e em nosso tempo*. Rio de Janeiro: Zahar, 2016.

SCHILLER, F. *Poesia ingênua e sentimental*. São Paulo: Iluminuras, 1991.

SCHILLER, F. *A educação estética do homem*. 4. ed. São Paulo: Iluminuras, 2002.

SCHLEGEL, F. *Conversa sobre a poesia e outros fragmentos*. São Paulo: Iluminuras, 1994.

SCHNEIDER, M. Freud et le combat avec l'artiste. In: MCDOUGALL, J. et al. *L'artiste et le psychanalyste*. Paris: Puf, 2008. p. 47-70. (Petite bibliothèque de psychanalyse).

SEGAL, H. *Sonho, fantasia e arte*. Rio de Janeiro: Imago, 1993.

SEMPRÚN, J. *L'ecriture ou la vie*. Paris: Gallimard, 1994.

SHAKESPEARE, W. *Romeu e Julieta, Macbeth, Hamlet, príncipe da Dinamarca, Otelo: o mouro de Veneza*. São Paulo: Círculo do Livro. 1993.

SIDNEY, P.; SHELLEY, P. B. *Defesas da poesia*. São Paulo: Iluminuras, 2002.

SILVEIRA, N. *Imagens do inconsciente*. Rio de Janeiro: Vozes, 2015.

SILVESTRIN, R. Palavra não é coisa. In: OLIVEIR, V. L. et al. (Org.). *Palavra não é coisa que se diga*. Porto Alegre: AGE, 2013. p. 69.

SONTAG, S. *Contra a interpretação*. Porto Alegre: L&PM, 1987.

STAROBINSKI, J. A literatura: o texto e o seu intérprete. In: LE GOFF, J.; NORA, P. (Org.). *História:* novas abordagens. Rio de Janeiro: Francisco Alves, 1976. p. 132-143.

STERN, D. N. *O mundo interpessoal do bebê:* uma visão a partir da psicanálise e da psicologia do desenvolvimento. Porto Alegre: Artes Médicas, 1992.

STERN, D. N. L'enveloppe prénarrative. *Journal de la psychanalyse de l'enfant*, n. 14, p. 13-65, 1993.

STERN, D. N. *La constellation maternelle*. Paris: Calmann-Lévy, 1997.

STERN, D. N. L'enveloppe prénarrative: vers une unité fondamentale d'expérience permettant d'explorer la réalité psychique du bébé. In: GOLSE, B.; MISSONNIER,

S. (Dir.). *Récit, attachement et psychanalyse*: pour une clinique de la narrativité. Ramonville-Saint-Agne: Érès, 2005. p. 29-46. (La vie de l'enfant).

STRACHEY, J. (1933). Naturaleza de la acción terapêutica del psicoanálisis. *Revista de Psicoanálisis*, v. 5, n. 4, p. 951-983, 1948.

SUCHET, D. De l'invité à la relique. In: MCDOUGALL, J. et al. *L'artiste et le psychanalyste*. Paris: Puf, 2008. p. 129-148. (Petite bibliothèque de psychanalyse).

SZYMBORSKA, W. *Um amor feliz*. São Paulo: Companhia das Letras, 2016.

TODOROV, T. *Introdução à literatura fantástica*. São Paulo: Perspectiva, 1975.

TODOROV, T. *As estruturas narrativas*. 5. ed. São Paulo: Perspectiva, 2008.

TODOROV, T. *Simbolismo e interpretação*. São Paulo: UNESP, 2014.

TOLSTÓI, L. *O que é arte?:* a polêmica visão do autor de Guerra e Paz. 2. ed. Rio de Janeiro: Nova Fronteira, 2016.

TREVISAN, A. *A dança do sozinho e outros ensaios de estética e literatura*. Porto Alegre: Pradense, 2016.

TREVISAN, A. *Humanismo e Ciências da Saúde:* aula inaugural do primeiro semestre. Porto Alegre: Universidade Federal de Ciências da Saúde de Porto Alegre, 2017a.

TREVISAN, A. *O pó das sandálias*. Porto Alegre: L&PM, 2017b.

VARGAS LLOSA, M. *Cartas a um jovem escritor:* toda vida merece um livro. Rio de Janeiro: Campus, 2008.

VILETE, E. *Sobre a arte da psicanálise*. São Paulo: Idéias & Letras, 2013.

VYGOTSKY, L. *Psicología del arte*. Barcelona: Paidós, 2006.

WINNICOTT, D. W. (1965). *Los procesos de maduración y el ambiente facilitador:* estudios para una teoria del desarrollo emocional. Buenos Aires: Paidós, 2005.

WINNICOTT, D. W. *De la pédiatrie à la psychanalyse*. Paris: Payot, 1969.

WINNICOTT, D. W. (1971). *Jeu et réalité:* l'espace potential. Paris: Gallimard, 1975.

ZERNER, H. A arte. In: LE GOFF, J.; NORA, P. (Org.). *História:* novas abordagens. Rio de Janeiro: Francisco Alves, 1976. p. 144-159.

ZWEIG, S. *Vinte e quatro horas na vida de uma mulher*. Porto Alegre: L&PM, 2007.

LEITURAS COMPLEMENTARES

ALIGHIERI, D. *A divina comédia*. São Paulo: Edusp, 1976.

ANDRADE, C. D. *Reunião:* 10 livros de poesia. 10. ed. Rio de Janeiro: José Olympio, 1980.

ANDRÉ, J. *Psychanalyse, vie quotidienne*. Paris: Stock, 2015.

ANJOS, A. *Eu & outras poesias*. Rio de Janeiro: Civilização Brasileira, 1982.

ANZIEU, D. Para uma psicolinguística psicanalítica: breve balanço e questões preliminares. In: ANZIEI, D. et al. *Psicanálise e linguagem:* do corpo à fala. São Paulo: Casa do Psicólogo, 1997. cap. 1.

BACHELARD, G. *A psicanálise do fogo*. 3. ed. São Paulo: Martins Fontes, 2008.

BARANGER, W.; BARANGER, M. *Problemas del campo analítico*. Buenos Aires: Kargieman, 1969.

BARTHES, R. *O prazer do texto*. 5. ed. São Paulo: Perspectiva, 2010.

BELMONT, N. *Poétique du conte*: essai sur le conte de tradition orale. Paris: Gallimard, 1999.

BLAKE, W. *Canções da inocência e da experiência*. Belo Horizonte: Crisálida, 2005.

CANETTI, E. *A língua absolvida:* história de uma juventude. São Paulo: Companhia das Letras, 1987.

CARDONI, V. *A estética da transitoriedade*: Arthur Schnitzler e Sigmund Freud. Porto Alegre: WS Editor, 2010.

CERVANTES, M. *Dom Quixote de la Mancha*. Rio de Janeiro: Nova Fronteira, 2016.

DESPRATS-PEQUIGNOT, C.; MASSON, C. (Dir.). *Métamorphoses contemporaines, enjeux psychiques de la création*. Paris: L'Harmattan, 2008.

FOUCAULT, M. *História da Sexualidade*. 9. ed. São Paulo: Graal, 1998. v. 1 (Biblioteca de Filosofia e História das Ciências).

FRIED, E. *Poesia gedichte*. Porto Alegre: Movimento, 2012. (Poesiasul, 109).

HUIZINGA, J. *Homo ludens*: o jogo como elemento da cultura. São Paulo: Perspectiva, 1971.

KANCYPER, L. *Jorge Luis Borges o la pasión de la amistad:* estudio psicanalítico. Buenos Aires: Lumen, 2003.

LISPECTOR, C. *Água viva*. Paris: Des femmes, 1980.

MANNONI, M. *La théorie comme fiction:* Freud, Groddeck, Winnicott. Paris: Éditions du Seuil, 1979. (Le Champ freudien).

MARKS, L. A entrega criativa: visão milneriana das obras de Y.Z. Kami. In: LIVRO Anual de Psicanálise. São Paulo: Escuta, 2016. t. 30, v. 2, p. 233-246.

MELO NETO, J. C. *O artista inconfessável*. Rio de Janeiro: Alfaguara, 2007.

OLIVEIRA, N. Precisamos falar sobre o Kevin valor estético. *O rascunho*, Curitiba, n. 190, p. 16, 2016.

OSTROWER, F. *Criatividade e processos de criação.* 3. ed. Rio de Janeiro: Vozes, 1983.

OZ, A. *Como curar um fanático.* São Paulo: Companhia das Letras, 2016.

PASSERON, R. Poiética e patologia. In: SOUZA, E. L. A.; TESSLER, E.; SLAVUTZKY, A. (Org.). *A invenção da vida:* arte e psicanálise. Porto Alegre: Artes & Ofícios, 2001.

PERRAULT, C. *Les contes de Perrault.* [Evry]: Éditions Carrefour, 1995. (Collection Jeunesse, 44).

ROUSSILLON, R. Symboliser la désymbolisation. In: BRUN, A.; ROUSSILLON, R. (Dir.). *Aux limites de la symbolization.* Malakoff: Dunod, 2016. (Inconscient et culture). p. 9-24.

SILVEIRA, N. Entrevista a Maria Ignez Duque Estrada para o Ciência Hoje. 1987. Disponível em: <http://www.canalciencia.ibict.br/notaveis/livros/nise_da_silveira_43.html>. Acesso em: 24 mar. 2018.

SOLIS- PONTON, L. A construção da parentalidade. In: SOLIS-PONTON, L. (Org.). *Ser pai, ser mãe:* parentalidade: um desafio para o próximo milênio. São Paulo: Casa do Psicólogo, 2004. cap. 2.

SOUZA, E. L. A. Uma estética negativa em Freud. In: SOUZA, E. L. A.; TESSLER, E.; SLAVUTZKY, A. (Org.). *A invenção da vida:* arte e psicanálise. Porto Alegre: Artes & Ofícios, 2001.

TOLEDO, M. S. R. Entre a arte e a terapia: as "imagens do inconsciente" e o surgimento de novos artistas. *PROA: revista de antropologia e arte*, Campinas, v. 1, n. 3, 2011.

ZWEIG, S. *O mundo insone e outros ensaios.* Rio de Janeiro: Zahar, 2013.